OS DEZ MANDAMENTOS DE UM LÍDER IDÔNEO PARA O SÉCULO XXI

AILTON MUNIZ DE
CARVALHO

OS DEZ MANDAMENTOS DE UM LÍDER IDÔNEO PARA O SÉCULO XXI

O seu sucesso só depende de você!
Deixe aflorar o seu potencial.

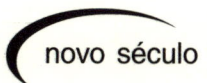

Copyright © 2006 by Ailton Muniz de Carvalho

Direção Geral *Nilda Campos Vasconcelos*
Supervisão Editorial *Silvia Segóvia*
Editoração Eletrônica *Sergio Gzeschnik*
Capa *Suria Scapin*
Ilustração da capa *Timothy Norcia / Dreamstime*
Preparação de texto *Carla Montagner*
Revisão *Marileide Pereira Gomes*

Dados Internacionais de Catalogação na Publicação (CIP)
(Câmara Brasileira do Livro, SP, Brasil)

Carvalho, Ailton Muniz de, 1952
   Os dez mandamentos de um líder idôneo para o Século XXI : o seu sucesso só depende de você! : deixe aflorar o seu potencial / Ailton Muniz de Carvalho. — Osasco, SP : Novo Século Editora, 2006.

   1. Administração 2. Liderança 3. Mudança I. Título

06-5668   CDD-658.4082

Índices para catálogo sistemático:

1. Execuivos : Capacidade de liderança : Administração executiva 658.4082

2006
Proibida a reprodução total ou parcial.
Os infratores serão processados na forma da lei.
Direitos exclusivos para a língua portuguesa cedidos à
Novo Século Editora Ltda.
Av. Aurora Soares Barbosa, 405 – 2º andar – Osasco – SP – CEP 06023-010
Fone (11) 3699-7107
www.novoseculo.com.br
editor@novoseculo.com.br

Dedico mais esta obra
aos meus queridos pais,
J. Portugal de Carvalho e
Dalva Muniz de Carvalho,
à minha esposa,
aos meus queridos filhos e netos,
aos meus indispensáveis leitores, sem
os quais não teria sentido ter escrito
esta obra,
aos meus líderes acadêmicos e
eclesiásticos.

Louvo ao meu Supremo Criador, que nos tem dado a graça de colocar mais esta obra em suas mãos.

Louvo a Deus, pela vida de todos os leitores que vierem a conhecer mais um livro de minha autoria e que possam aprender algo "novo" e praticá-lo em benefício da humanidade.

Louvo a Deus, por todos os meus companheiros e amigos e por todos os meus líderes atuais, passados e futuros.

SUMÁRIO

Preâmbulo	11
I. AS REGRAS BÁSICAS DE UM LÍDER	17
II. A IMPORTÂNCIA DAS REUNIÕES DO LÍDER COM SEUS LIDERADOS	41
Intelectual	42
Relacionamento	42
Administrativo	42
Regras para o bom funcionamento das reuniões	43
III. AS VIRTUDES QUE UM LÍDER DEVE CULTIVAR	55
Ser atencioso	56
Ser justo	58
Ser organizado	59
Saber dirigir	61
IV. LIDERANÇA POLÍTICA	67

V. MODELOS DE LÍDER POLÍTICO 77
Salomão 78
Açoca 79
Constantino o Grande 82
Carlos Magno 83
A Rainha Vitória 84
Simon Bolívar 85
José Bonifácio 87
Padre Feijó 88
George Washington 89
Thomas Jefferson (o José americano) 91

VI. EFICIÊNCIA PESSOAL 97
Não aceite a mediocridade 98
Suposição da correção do intelecto 102
Fim da correção 103

VII. OS DEZ MANDAMENTOS DO LÍDER IDÔNEO 115

Conclusão 159
Leitura recomendada 161

PREÂMBULO

Há pouco tempo foi publicada uma matéria na maior revista em circulação no Brasil na qual dizia que apenas 6,7% dos leitores brasileiros com segundo grau completo interpretam corretamente os textos que lêem. Como escritor brasileiro, vejo isso como uma vergonha para o nosso povo.

Este texto é bastante simples e de fácil compreensão. Inicio com o tema da liderança, que é algo exercido por quase todos os animais na terra; liderança é algo que faz a diferença entre os povos ávidos, como águia, e os opacos como os da gênesis galináceo. Este último animal (ave) só pode ver como meta de vida as pontas das unhas das próprias patas. Isso resulta em uma ave ciscadora e não voadora como a maioria das demais.

Liderança é um dom gratuito de Deus, nasce com quase todos os seres humanos. Ainda que seja herança hereditária não significa que não precisamos ser orientados. Este livro não deve transformar um timorato em timoneiro, todavia traz conselhos capazes de ajudar a mudar sua vida, pois suscitará os meios que certamente encontram-se dentro de cada um de nós.

Dr. João Evangelista provavelmente o maior Ph. D. em Cristologia de todos os tempos disse que nem Jesus Cristo pode transformar sozinho a vida de alguém, do contrário onde ficaria o livre-arbítrio? Segundo o Dr. João Evangelista, ele nos dá o meio, dependendo da disposição que tivermos para ouvir sua poderosa Palavra.

Seria muita pretensão dizer que as lições teóricas e práticas deste livro corrigirão por si só todos os infratores de uma suposta lei. Este livro não poderá ajudá-lo(a) se você não se conscientizar dessa necessidade. Se você é dos tais que não aceita ajuda (correção do intelecto), não precisa nem terminar de ler esta obra, pois falaremos com muita clareza sobre os dez mandamentos de um líder idôneo.

O que é ser um líder idôneo?

É liderar com eficiência e, de preferência, democraticamente um grupo, grande ou pequeno, fazendo com que suas idéias, boas ou más, sejam assimiladas e realizadas em benefício da obra.

A mais eficaz escola de liderança deve começar dentro da mais importante faculdade de formação do intelecto, não através do pai, mas da mãe de família, por isso toda dona de casa deveria ser uma líder inconteste, isto acontecendo, certamente as nossas crianças seriam mais éticas e disciplinadas. E crianças disciplinadas serão adultos bem-sucedidos.

O espírito de liderança é algo que está em cada um de nós, muitas das vezes ficaria eternamente incubado se não encontrarmos os meios que o revele. O espírito de liderança pode até morrer dentro de seu possuidor se não encontrar atmosfera para se revelar, é para isto que existe estas técnicas de auto-sugestão, as quais estou, com muita propriedade e humildade, lhes apresentando.

Os dez mandamentos de um líder idôneo para o século XXI não deve ser mais um entre tantos bons livros de liderança que já existe no mercado literário; e, sim, um inconteste indispensável manual prático de liderança acompanhado de métodos cientificamente comprovados.

Os dez mandamentos de um líder idôneo devem ser um instrumento para desenvolver, de forma simples e bem aplicada, sua eficiência. Marcio Shioda, um dos filhos do meu grande companheiro e amigo Kangi

Shioda, apesar de ser um jovem muito inteligente, tinha um sério problema psicológico, problema esse que afeta a maioria absoluta dos pré-vestibulandos, Marcio era demasiadamente emotivo (este comportamento tem um lado negativo). Não conhecer as técnicas para controlar suas emoções pode torná-lo uma pessoa ansiosa. Isto fazia com que o jovem Shioda não passasse nos exames de vestibular da rede universitária pública de São Paulo, nos exames das universidades privadas ele passava em todas as disciplinas que disputava, chegou a iniciar seus estudos em algumas das grandes universidades particulares de São Paulo e da Grande São Paulo, mas desmotivado acabava desistindo sempre no primeiro semestre.

O sonho do bom moço era de fato formar-se em uma grande universidade pública como fazia seus amigos e companheiros do curso secundário. Cada ano que passava, sua ansiedade aumentava; durante alguns anos consecutivos foi reprovado no exame da Fuvest. Peguei esta obra ainda em pesquisa e coloquei em suas mãos e disse-lhe: "Marcio a sua aprovação no vestibular depende exclusivamente de você, o resultado é você que vai fazer, não conseguirá se não se livrar desta ansiedade que tem sido seu maior inimigo."

No ano seguinte ele foi tranqüilo fazer o seu exame e acabou aprovado. Entrou para a rede pública universitária de São Paulo e no lançamento da primeira edição deste livro, ele já estava no segundo ano do curso de engenharia agrônoma.

Este conselho acompanhado de alguns exercícios pode também ajudá-lo a mudar a história de sua vida. Não existe faculdade de liderança, assim como não há faculdade de oradores e, sim, de homilética, as duas coisas são semelhantes e provêm da mesma fonte. O que podemos fazer é despertar um dom natural que existe dentro de cada postulante, tanto a liderança quanto a oratória.

Ailton Muniz de Carvalho

CAPÍTULO 1

AS REGRAS BÁSICAS DE UM LÍDER

O líder deve apresentar várias qualidades, uma delas é a eficiência, em seguida vem a idoneidade. Apresento a seguir dez regras que o líder deve seguir para também se tornar idôneo.

1. Familiarizar-se, até a identificação, com a obra a cumprir, aprofundando-se no seu estudo.

De certo modo, muitos dos requisitos exigidos daquele que fala em público são também do líder, embora não se exija deste, como condição essencial, que seja um bom orador. Desde que saiba comunicar-se com os seus liderados e transmitir a mensagem do seu superior, terá cumprida a função transmissora do líder. Mas, se, além disso, chegar a ser um bom orador, melhor ainda.

Se existe alguma correlação entre os requisitos necessários na formação do orador e do líder, esta se manifesta, sobretudo, no que diz respeito ao primeiro item do decálogo de um líder idôneo para o século XXI. Realmente, se o orador precisa familiarizar-se com o assunto que vai versar, para com ele se identificar e expô-lo com veemência, entusiasmo e segurança, o mesmo deve acontecer com o líder com relação à obra que vai cumprir.

É princípio fundamental que só se gosta daquilo que se conhece, daquilo com que, através do trabalho ou do estudo, aprende-se a dominar, há pessoas que dizem não gostar de literatura, isto só pode acontecer com alguém que não sabe ler; há quem diga que quem não lê é analfabeto; eu, porém, penso que analfabeto é aquele que julga saber ler, e não o faz. A função do verdadeiro líder é identificar-se com o que está para fazê-lo cada vez melhor.

Uma pessoa diz não gostar de advogar, isso é até natural se a pessoa não está preparada para exercer o cargo, o mesmo acontece com todas as demais profissões. Ao passo que, quando se conhece, pela prática ou pelo estudo teórico, um setor de atividade, todos os problemas que surgem despertam a curiosidade e o desejo de resolvê-los, dando ao agente o prazer do trabalho prestado.

Assim como o orador deve meditar sobre o tema de seu discurso, vivendo-o, pesquisando ou indo aos locais sobre os quais deva falar, ou ainda idealizando, no tempo e no espaço, como os fatos se deram; para falar com convicção e sentimento a respeito deles, o líder não deve apenas estudar os assuntos que se lhe apresentam, mas vivê-los para com eles vibrar e poder falar a ponto de suscitar a inteligência em seus mais rudes liderados. Assim, a obra poderá ser vivenciada e desejada em seus corações.

Este foi o segredo de grandes líderes, como José do Egito, que ali chegou como escravo e se tornou o maior líder governamental daquele império em todos os tempos. Moisés, que também nasceu como fruto de uma adversidade, era filho de escravos hebreus, estudou por ter sido criado pela filha do faraó do Egito e por fim se tornou o maior líder religioso de seu tempo. Josué, Davi, Salomão, George Washington, Thomas Jefferson, Abraão Lincoln, Napoleão Bonaparte etc., esses líderes não se davam por satisfeitos apenas ficando em seus gabinetes, eles iam sentir as dificuldades nos campos de trabalho juntamente com os seus comandantes-chefes. Sentir os problemas no nascedouro é bem mais fácil para detectá-los e desinibi-los antes que cresçam e se tornem insolúveis. Essa atitude do líder não só fortalece sua convicção, como a enobrece perante aqueles que com ele trabalham.

2. O comandante deve evitar atitudes dominadoras, procurando, sobretudo, auxiliar aqueles que estão sob sua liderança.

Quando adquirimos os conhecimentos teóricos e práticos em nossa atividade, seja científica, filosófica ou eclesiástica, achamos tudo fácil e, muitas vezes, nos esquecemos das dificuldades iniciais de nossa carreira.

Se sempre lembrarmos que no início assoberbávamos e errávamos, passaremos a ser mais tolerantes com os que estão agora passando por aquela fase difícil que já passamos, é como se estivéssemos fazendo um balanço do acervo de conhecimentos que adquirimos vivendo e trabalhando. Então, deixaremos de ser intolerantes, dominadores e sentiremos a necessidade de auxiliar aqueles que estão sob a nossa liderança. A propósito dessa retrospectiva que devemos fazer, de vez em quando, para recordar as dificuldades que tivemos e resolver problemas que hoje pertencem à rotina de nossos atos, contarei a passagem ilustrativa do pastor de cabras chamado Dora, na velha Pérsia.

Esse pastor, juntamente com os representantes de todas as demais categorias profissionais, foi convidado a fazer parte do Conselho Real. Lá viveu algum tempo e começou a notar que as vestes palacianas e a vida brilhante que levava tornava-o dominador, esquecendo-se de sua origem e em especial da responsabilidade e sensibilidade com aqueles que representava. Então, sabiamente, resolveu visitar o local onde havia enterrado suas velhas vestes de pastor de ovelhas. Lá, desenterrou o baú, abriu-o e tirou as amarrotadas vestimentas que outrora usava nas montanhas.

Acariciando-as e apertando-as contra o peito, lembrou-se de seus companheiros, compreendendo que o que era agora a eles devia. Assim deve fazer o líder idôneo. Voltar sempre que possível ao passado, perscrutar o início de sua carreira, fazer sempre que possível uma reflexão profunda, isto o fará lembrar de todas as dificuldades que teve no início de sua carreira. Só assim saberá compreender aqueles que lidera, auxiliando-os e perdoando algumas faltas involuntárias resultantes da inexperiência de alguns.

3. Dar o exemplo de bem servir à obra, antes de exigir que os liderados o façam.

Só falar da excelência da obra não basta. Às vezes é até contraproducente. O que importa é cooperar em favor da essência de sua excelência. Sempre inspirado nas suas ilustrações, o então mestre de oratória e grande líder do Evangelho Miguel Rizzo Jr., falando da necessidade de fazermos e não de apenas proclamarmos a necessidade de ser feito, faz esta pergunta: como foi que a estrela guiou os reis magos (os pastores do campo) até Belém?

Ele mesmo respondeu que está claro que ela, não podendo falar, seria incapaz de dar-lhes instrução verbal a respeito do caminho que haviam de seguir. Nem tampouco escrever poderia ela, mas pôde brilhar diante deles. Brilhar! Brilhar! Brilhar! Eis aí uma tarefa de suprema grandeza no mundo espiritual. E nós completaríamos essa afirmação do saudoso Miguel Rizzo Jr. dizendo que devemos dar o máximo em tudo que fizermos, trabalhar com amor e dedicação, procurando, enfim, brilhar. Brilhar! Brilhar! Brilhar! Esta pode ser a única linguagem que chega ao coração dos que conosco trabalham. É o exemplo eloqüente que por si só fala mais alto do que muitas palavras.

Há algum tempo fiquei sabendo, através de um amigo que reside no Distrito Federal, que um certo líder evangélico, homem de fino trato, estava ampliando e reformando um grande templo e os recursos financeiros exauriram-se. Não tendo outra alternativa, ele arregaçou as mangas da camisa e se pôs integralmente diante da situação adversa. Esta sua disposição moveu os corações de pessoas que sequer pertenciam a sua comunidade. Essas pessoas voluntariamente colocaram-se ao seu lado, aí as coisas ficaram simples e tudo se resolveu.

Um líder que se dedica com amor ao seu trabalho não precisa exigir dos seus liderados que façam o mesmo. Eles se sentirão envergonhados se não o fizerem. Certo dia, passando, à noite, por uma pequena fábrica de artefatos de alumínio e toldos de lona, vimos o velho dono da pequena fábrica sentado a uma máquina costurando. Eram cerca de oito horas da noite, e, ao seu lado, estava um adolescente de aproximadamente 15 anos, que o ajudava. Ouvimos o velho dizer ao moço que fosse embora, pois já era tarde, e este imediatamente responder: "Enquanto o senhor estiver aqui trabalhando, eu trabalharei ao seu lado."

Esse senhor, sem perceber, involuntariamente, estava formando o caráter de liderança naquele adolescente na escola do trabalho, que para ele já não representava um peso, mas uma comunhão de interesse e dedicação. Aquele fabricante de toldos, provavelmente sem que o soubesse, exercia uma das mais importantes funções do verdadeiro líder: dava o exemplo do bem servir à obra com o seu incansável trabalho.

Exemplo como este recebi de um reverendo, que presidia na ocasião o campo ministerial em que eu pertencia e servia como pastor evangélico. Em abril de 1995, ao chegar de uma viagem ao exterior, após o jantar em família, fui abordado por minha esposa com uma notícia não muito agradável, ela me contou que o meu presidente estivera em nossa casa e deixara um recado e um bilhete para que eu assumisse o pastorado de uma grande, porém problemática, igreja. E qualquer dúvida que porventura eu tivesse que o procurasse em sua casa.

Ao procurá-lo ele me disse que se tratava de uma ordem, eu respondi que ordem não se discute se cumpre; é assim que eu ensino para os meus subordinados e é desta forma que eu recebo dos meus superiores. Ele ficou contente e me disse que do contrário eu teria mais três opções, por curiosidade quis saber quais seriam elas. Ao saber fiquei extremamente gratificado por ser por ele mais honrado do que me julgava ser, pois eram todos grandes templos, um dos quais era na ocasião a sede nacional do campo.

Durante os primeiros trinta dias de trabalho fiz um minucioso estudo sobre os mais graves problemas existentes, procurei o meu presidente e disse para ele que os problemas mais sérios eram os crentes velhos malacostumados, todos cheios de suposta sabedoria. Ele olhou para mim com uma tranqüilidade que é bastante peculiar aos homens experimentados no trabalho, e simplesmente se calou.

Perguntei: "O que fazer com estes..."

Ele simplesmente respondeu: "Nada. Deixe aí mesmo como estão. Vá a campo e mostre que tem sabedoria, ganhe crentes novos para o reino do Senhor. Estes novos convertidos darão exemplo de bem servir para os velhos e eles acabarão se convertendo. Você não poderá fazer nada contra eles, porque eles não lhe pertencem, não foi você quem morreu por eles na cruz do calvário. Jesus os ama do jeito que eles são."

Eu o agradeci pelo conselho e voltei para casa pensativo. No dia trinta do mês de abril, estávamos voltando da convenção, no Rio de Janeiro, onde ouvi em uma certa madrugada o Senhor falar comigo a este respeito, não tive dúvida que tinha tudo para reverter a situação do crescimento espiritual daquela igreja, então fiz um voto ao Senhor dizendo: "Se tu, ó Pai, Senhor do Céu e da Terra, está de fato comigo neste negócio, eu quero ver a manifestação do seu poder em meu favor e em favor das almas necessitadas neste lugar. Não posso me conformar com uma igreja que em dois anos não leva uma viva alma ao batismo. Como prova disso, quero que me dê cinqüenta novas vidas em apenas trinta dias."

No dia quatorze de maio fui à reunião ordinária do ministério, procurei o meu presidente, para notificá-lo da minha decisão; caso não acontecesse o que eu tinha tratado com o Senhor, eu entregaria a liderança da Igreja ao ministério. Ao chegar em sua sala, fui notificado de que ele havia viajado em férias com a sua digníssima esposa. Procurei então o seu substituto, o então primeiro vice-presidente que me ouviu atentamente e comentou, o então meu grande companheiro e amigo pastor, Deiró Feliciano de Andrade: "Pastor Ailton, você está pensando que está vivendo os tempos dos apóstolos? Nós o temos como nosso diplomata, todavia não esperávamos que você fosse usar a diplomacia para devolver-nos a Igreja que lhe entregamos."

Respondi que sabia que não vivemos os tempos dos apóstolos, todavia o Cristo que servimos é imutável, ainda que o tempo seja relativo,

Ele é para toda eternidade. E o Senhor Jesus me honrou com cinqüenta e quatro novas vidas em apenas trinta dias. Foram dias de muitos milagres naquele lugar. Talvez só eu tivesse crido esta possibilidade. Talvez para muitos só um grande milagre poderia fazer cumprir o meu voto e isso aconteceu, em princípio eu acreditei somente na possibilidade de ser ouvido por Deus, isso para mim seria o suficiente. Creia nas palavras "proféticas" de sua boca e da boca de seus superiores, vá à luta, prove a você mesmo do que é capaz. E certifique-se de que você não chegou onde está por acaso, Deus quer honrá-lo. Nestes casos o difícil se resolve em dias e o impossível, em semanas.

Claro que não fiz nada sozinho. Meu maior trabalho foi motivar o grupo que ali recebi e fazer com que cada um se conscientizasse de seus direitos e obrigações. Aprendi que direito é reação dos deveres cumpridos. Quando você consegue conscientizar os seus liderados a respeito destes princípios fundamentais, as coisas ficam simples e todos acabam ganhando, e a obra como um todo se robustece e cresce.

4. Antepor ao bem pessoal o bem comum e ao interesse particular o geral.

Assim como acontece com um bom orador, o importante é a mensagem não o mensageiro; porque quando o orador está interessado em exibir suas qualidades, torna-se pedante e artificial, não tocando o coração, o sentimento do auditório. Assim também acontece com o líder que só pensa em si mesmo, visando tornar-se notado e elogiado pelas suas qualidades, consegue exatamente o oposto, sendo antipatizado e desfavoravelmente criticado. Agindo desta forma, evidentemente não estará visando ao bem comum, o interesse geral, mas ao seu próprio bem, então não é e nem será em momento algum um verdadeiro líder.

Quem tem e cultiva o verdadeiro espírito de liderança nunca deverá estar preocupado com as aparências exteriores, mas sim com os resultados que mostre a realidade dos fatos. Ninguém poderá trabalhar à luz de uma lâmpada pintada, por mais artística que ela o seja. O verdadeiro líder deve-se ignorar. O que interessa mesmo é a obra, que, em qualquer circunstância, deve tender para o bem comum, para o interesse geral do grupo e da missão que a promove.

Muitas vezes, a diretriz tomada pelo líder poderá ser mais favorável ao seu interesse particular, mas desde que o resultado final seja para o bem comum — este propósito é que deverá prevalecer acima de qualquer circunstância. Se o líder não optar pelo interesse geral, deixará de ser uma pessoa em quem se poderá confiar, por lhe faltar uma das condições mais elementares para o exercício do cargo de liderança.

Uma certa vez eu estava diante de um grande desafio, havíamos ganhado uma licitação pública, os nossos concorrentes eram grandes empresas, a nossa empresa neste negócio em particular não era tão grande assim, por isso tivemos que tomar algumas decisões que só os grandes líderes podem fazer. O tempo para entregarmos os equipamentos era bastante exíguo, não nos restava perder um único minuto sequer. A multa por suposto atraso nos comeria pelas pernas e nos levaria à falência se o atraso passasse dos dez dias.

Contratamos em caráter de emergência alguns profissionais temporários com a promessa de efetivarmos os melhores assim que concluíssemos a tarefa. Durante os primeiros dias percebi que entre os nossos empregados havia uma "laranja estragada" que tinha que ser separada do grupo, mas como fazer isso num momento tão difícil como nos encontrávamos? É aí que você tem que fazer a diferença em favor do bem comum.

Não importa que você pensa que é perante o grupo, e, sim, o que você pode fazer em favor de todos. Não importa que eu era ou não o sócio majoritário da empresa, ou o técnico mais qualificado; neste exato momento o que importa é a sua ação em favor da causa. Na situação em que nos encontrávamos não nos restou outra saída se não substituir imediatamente este homem mal-intencionado. Assumi a máquina que ele operava mesmo sem ter as mesmas habilidades que ele tinha por exercer aquela função por mais de dez anos. Como engenheiro mecânico industrial, eu tinha a obrigação de conhecer em tese todas as técnicas da função daquele operário, todavia na prática as coisas poderiam não funcionar tão bem, restava a minha decisão de me expor ao limite extremo e praticar por algumas horas até me sentir seguro em dispensá-lo e assumir sua função sem prejuízo para a missão. Assim fiz e cheguei a trabalhar por tempo interrupto até oito horas da noite todo dia, até entregarmos os equipamentos sem um dia sequer de atraso.

Esta minha atitude poderia ser mal-interpretada se não me lançasse ao trabalho mostrando a todo o grupo que ninguém é insubstituível; todavia todos são importantes quando se objetiva a causa comum e o interesse geral.

5. Sentir-se capacitado e incentivado para liderar ou, em caso contrário, ter a coragem suficiente para abrir mão da liderança em benefício da obra.

Às vezes abrir mão da liderança não significa incompetência. Há muitos fatores que podem justificar esta aparente incômoda situação, uma das coisas mais difíceis para nós é examinarmos a nossa própria capacidade. Temos que ser, ao mesmo tempo, observadores e objeto de observação, refletindo com a máxima do filósofo Sócrates, que depois de conhecer o Deus, reconheceu que sequer conhecia a si próprio, deixando no mural do templo do suposto deus sol, Apolo, esta célebre frase: *nosce te ipsum* (Conhece-te a ti mesmo). Eis por que o mais comum dos homens continua errando e conformando-se com a falibilidade humana.

Não nos damos ao trabalho de investigar nossos próprios atos conscienciosamente, porque fazê-lo exigiria esforço e aprimoramento de nossas qualidades, porém, se o comum dos homens não se preocupa com isso, o líder idôneo tem a obrigação de se preocupar e, se necessário, se corrigir. Ele precisa, uma vez por outra, fazer um balanço do seu modo de agir e cortejar os resultados positivos de seu trabalho e de seus liderados, para verificar se os erros acaso praticados não resultaram de sua própria indolência, ou prepotência. De nada adianta perguntar aos seus liderados, ou mesmo aos seus superiores, se está agindo bem ou mal.

Os dados dos problemas e dos resultados deverão estar com ele, líder, e a ele cabe examiná-los imparcialmente. Se numa reunião com os liderados houver sugestões, ou observações, cabe-lhe tomar nota delas e cuidadosamente verificá-las, agindo, depois, de acordo com aquilo que julgar o melhor para a obra.

Se constatar deficiência em alguma coisa, e for humilde o suficiente para pedir ajuda, a quem possa assomar, verá que sua liderança o fortalecerá ante os seus liderados. Do contrário verá sua liderança lhe escapar pelos vãos dos dedos, neste caso deve ter a coragem suficiente para abrir mão dela, em favor de alguém mais bem qualificado. Se continuar no posto, embora se sinta superado, sentir-se-á frustrado e já não poderá mais liderar com a mesma desenvoltura que o faria em outra situação naturalmente propícia. O reverendo Dr. Ivan Espíndola de Ávila, ou apenas Ivan de Ávila, como gosta de ser chamado, tem ojeriza explicita à palavra vitalício, ele pensa que o líder, quando perde a capacidade de liderar com naturalidade, se refugia na vitalidade para se tornar insubstituível até que viva. Eu concordo plenamente com o meu presidente emérito na Academia Paulista Evangélica de Letras (APEL).

6. Saber resistir a opiniões desvairadas e forçar, se necessário, o grupo a realizar sua missão, mesmo que seja obrigado a exigir sacrifícios.

Desde que o líder esteja convicto de que a missão a cumprir é boa para todos, é sua obrigação resistir às opiniões daqueles que o contrariam. Sempre surgem pessoas que, veladamente, propõem coisas que lhes são mais favoráveis, ou porque estão apaixonados pelas vãs idéias.

O essencial é convencer o grupo de que não pretende levá-lo a fazer o que ele quer que seja feito, mas ao que interessa à obra como organismo, sem conflito de interesses particulares. Para isso, o melhor é argumentar e não refutar. Argumentar é apresentar todos os elementos que são favoráveis à sua tese, construir e não destruir, dialogar e não discutir.

Aquele que só refuta, nada constrói, só destrói os argumentos contrários, e nesse campo a discussão é interminável, não se chegando a nenhuma conclusão. Infeliz do advogado de defesa que, no júri, só procurar destruir o que o acusador disser. Conseguiria, em outra situação em verdade, criar a dúvida; e só através desta buscar a absolvição do seu cliente. Mas se, ao invés de refutar, passasse tranqüilamente a dar sua versão sobre como os fatos se deram, com base nas provas que produziu no processo, estaria, antes, provando a inocência sobre o que dissera o acusador. O mesmo deverá se passar com o líder, que leva ainda a vantagem de estar absolutamente convicto da missão que se propõe realizar.

Se assim é, tenha o trabalho de coligir todos os elementos de convicção, como argumentos, exemplos, dados estatísticos, depoimentos e tudo o mais que alicerce a sua tese. E para convencer devemos usar, além dos argumentos que se dirigem à inteligência, os que se destinam ao coração, assim atingiremos os sentimentos de quem nos ouve, dizendo e demonstrando, com sinceridade, que não estamos fazendo o que queremos para nós mesmos, mas o que interessa para a obra, como um todo, como um organismo vivo.

Depois de todos esses argumentos, se for necessário, exigiremos que todos cumpram a missão. Se os homens que lideram não agissem assim nos momentos decisivos, nenhum progresso popular existiria no mundo. Em alguns momentos é até necessário o líder tomar atitude ditatorial, isso não deve ser objeto de prática rotineira, todavia não deve hesitar em tomar medidas extremas quando não tiver outra via de acesso para a solução do problema. Vejo esse exemplo no maior líder que a terra já conheceu. Para que a liderança de Cristo não sofresse detrimento, ele teve que agir dessa forma, ao entrar no templo em Jerusalém e ver que haviam transformado a casa de Seu Pai em camelódromo de animais. Ele não hesitou em tomar uma decisão arbitrária, bem comum aos ditadores, foi logo derrubando tudo que encontrou pela frente até não existir mais ninguém que o enfrentasse. Esta atitude lhe rendeu honra e respeito por muitos que o tinham como um líder fraco, sem autoridade e sem comando.

Na condução de uma reunião não podemos nos deixar ser conduzidos por pensamentos adversos, se isso acontecer o que deveremos fazer?

A melhor coisa a fazer é pedir uma pausa e retomar a reunião em outra ocasião; caso isso não seja possível é necessário o comandante dar um soco na mesa ou exprimir um rugido como leão e imediatamente reverter a situação.

Lembro-me de um caso bem recente. Eu fui convidado por um amigo dono de uma empresa para mediar uma situação contábil que ele não estava conseguindo resolver. Na primeira reunião eu solicitei de seus contadores os balanços dos últimos cinco anos, eles não tinham, apesar de estarem supostamente fazendo a contabilidade da empresa por cerca de oito anos consecutivos. Na segunda reunião, eu pedi os balanços dos últimos três anos e os balancetes de cada seis meses, eles também não tinham feito nada. Imediatamente detectei que eles estavam cobrando muito caro por um trabalho não prestado ou estavam escondendo os documentos por imaginarem que meu amigo estava querendo trocar de contador. Marcamos uma terceira reunião, onde pedi que eles trouxessem tudo que tinham de documentos contábeis da empresa, para surpresa do meu amigo eles não trouxeram nada e ainda passaram a acusar as secretárias da empresa pelos seus erros.

Neste momento tive que tomar uma atitude de ditador dando um forte murro na mesa assustando até meu amigo que me conhecia na prática apenas como seu pastor. Fui obrigado a dizer para meu amigo João Batista Stevo: "João, não se dirige uma empresa com o coração e sim com a razão. Um pastor não pode ser empresário, assim como um empresário não pode ser um pastor; todavia poderemos exercer as duas ou mais funções, desde que saibamos distinguir a razão de cada função."

7. O chefe deve obedecer àquilo que impôs ao grupo, mesmo que lhe seja particularmente desfavorável.

Essa atitude lhe dará autoridade de exigir obediência dos demais. O filósofo e notável senador romano Marcos Túlio Cícero, que, além de grande orador, era um admirável pensador, certa ocasião afirmou que "ninguém tem a obrigação de obedecer àquele que não tem o direito de mandar", e o nosso não menos célebre jurista Rui Barbosa complementou esse pensamento, dizendo "habituai-vos a obedecer, para aprender a mandar".

O líder, enquanto dispõe, manda. Mas, depois que a missão foi disposta, beneficiando-se ou não, tem que obedecer àquilo que foi determinado por ele próprio, porque, como ensina Schiller, "a palavra é livre, a ação é muda e a obediência é cega". Compete ao líder não só obedecer, como demonstrar aos seus liderados a importância da missão, fazendo-lhes compreender que o homem deve voluntariamente se impor o dever de obedecer, que é a mais viva encarnação de uma grande virtude: a abnegação.

A hipocrisia é uma das piores indignidades que um líder pode cometer diante de seus liderados. Uma certa vez Cristo se encontrava entre líderes desta espécie, não se contendo de tanta ira fez um grande desabafo público dizendo: "Na cadeira que pertenceu a Moisés se assentam os escribas e fariseus." (Mateus 3,1-2). "Observai, pois, e praticai tudo o que vos disserem, mas não procedais em conformidade com as suas obras, porque dizem e não praticam. Pois atam fardos pesados e difíceis de suportar, e os põem sobre os ombros dos homens; ele porém, nem com o dedo querem movê-los. E fazem todas obras a fim de serem vistos pelos homens, pois trazem largos filactérios, (fita de cor negra colocada na testa, para dignificar a qualidade do orador na oração matinal), e alargam as franjas de suas vestes, e amam os primeiros lugares nas ceias, e as primeiras cadeiras nas sinagogas, e as saudações nas praças, e o seres chamados de rabi, rabi". (Mateus 23,3-7).

Se você é deste tipo de líder, saiba que Cristo o reprovará diante de seu tribunal e não o verá como ninguém, senão como o mais miserável entre os homens. Ele mesmo disse: "Desta forma você não será líder muito menos mestre, porque um só deve ser o vosso Mestre, que é Cristo e vós todos deveis ser irmãos." (Mateus 23, 8). O bom líder deve ser assim. Ser um homem bom não é distribuir generosamente o que ganhou com seus sacrifícios, e, sim, tratar com amor e dignidade os que com ele congregam e trabalham.

O maior líder de toda a história da humanidade, nesta mesma ocasião, deixou bem claro que quem quiser ser representante de povos, quem tiver maior responsabilidade entre os senhores deve ser o seu servo. Na verdadeira visão de liderança é assim que as coisas devem acontecer. O empresário não deve ser visto como o dono da empresa, e, sim, como o mordomo de todos os funcionários. Quando as coisas vão bem, ele paga com o que ganhou, quando vai mal, ele tira do que economizou, e assim ele está sempre servindo aos seus senhores (funcionários).

O líder incompetente e incoerente não pode prevalecer por muito tempo, do contrário ele destrói o que não edificou, arranca o que não plantou e recebe o que não ganhou. Vejam o que o Mestre dos mestres disse: "Mas ai de vós, escribas e fariseus, hipócritas! Pois fechais aos homens o Reino dos céus; e nem vós entrais, nem deixais entrar aos que querem entrar." (Mateus 23,13). O mau líder faz exatamente assim, ele não tem competência para executar a função que lhe é imposta, nem permite que os que estão ao seu lado o façam a despeito de tomarem o seu lugar.

Meu primeiro desafio como executivo foi muito difícil como é para todo iniciante nesta difícil função, ou seja, assumir uma empresa em grande dificuldade. Para reverter a situação precisava descobrir a origem dos fatos. Já se passavam cinco anos que a empresa estava no vermelho, ainda não havia falido porque gozava de incentivos fiscais do Fundo de Desenvolvimento do Nordeste que lhe dava sustentação por mais aquele ano de funcionamento, a diretoria do grupo decidiu contratar alguém capaz de resolver este insolúvel problema, do contrário, teríamos que baixar as portas e dispensar centenas de operários.

Encarei o desafio e rumei para o nordeste. Era comum que o líder assumisse a empresa no dia em que começava a trabalhar, porém não fiz assim. Pedi ao meu antecessor que continuasse na direção da empresa por mais alguns dias, era o tempo que eu precisava para identificar a origem dos problemas. Uma vez que ele não tinha conseguido detectar isso olhando por cima, quem sabe, eu não poderia detectá-los verificando por outro ângulo? Ele não entendeu muito bem o que eu pretendia fazer, mas acabou aceitando minha idéia. Eu era muito jovem, tinha feição de garoto, sendo nordestino de origem e de raça afro-descendente não despertava curiosidade, ninguém poderia imaginar que eu seria o próximo diretor industrial daquela empresa e que era apenas mais um entre tantos brasileiros e estagiários que por ali passavam.

Os dias foram se passando e eu me certificando de tudo que tinha que fazer para resolver os insolúveis problemas que estavam levando a grande indústria à iminente falência. Durante o dia havia três horários de reuniões fraternais, eram nestes horários que eu me juntava aos grupos, cada horário em um setor diferente, afinal de contas estagiário de engenharia tem que fazer perguntas e mais perguntas. Não obstante as minhas perguntas se limitassem às coisas triviais de um simples estagiário, elas tinham o objetivo de conhecer o porquê de a empresa não produzir o que produziu nos primeiros dois anos de sua implantação. As respostas eram sempre as mesmas, independentemente de que setor se fizesse.

Sessenta dias foram mais do que o suficiente para elaborar um plano de emergência e resolver os problemas de produção. Em menos de noventa dias tiramos a empresa do vermelho e a colocamos nos trilhos sem ter que aumentar custo, todavia troquei quase toda a chefia composta por líderes indolentes e irresponsáveis, a maioria deles foi substituída pelos seus subordinados imediatos, homens que queriam produzir mas não encontravam apoio em seus superiores. Tivemos apenas que colocar as pessoas certas no comando das coisas que bem conheciam.

8. Não decidir arbitrariamente, mas como se estivesse na condição do grupo, verificando o que mais lhe convém.

Para conseguir colocar-se na situação do grupo e aspirar ao seu benefício, o líder deve apagar-se, identificando-se com a obra. Esse "apagamento" viril e corajoso lhe confere um prestígio e uma força que nenhuma outra reserva dá.

Tornar-se-á, assim, não mais um indivíduo, mas uma pessoa pública, um verdadeiro cidadão, elevando-se pelo seu próprio serviço acima do individualismo estreito. Sua voz passa a ter um timbre diferente da dos demais, torna-se a voz da consciência moral em busca do bem superior da coletividade geral.

Apagar-se não significa despersonalizar-se, mas adquirir a personalidade de um verdadeiro líder, que deverá estar acima do próprio ego humano. O líder às vezes tem que tomar atitudes como as de herói, que no momento do perigo esquece-se de si próprio, atirando-se ao mar para salvar uma vida, ou enfrentando a morte em defesa de um ideal. De certo modo, o líder está constantemente exercitando atos de verdadeiro heroísmo, porque nunca está interessado no seu comodismo, no seu bem-estar pessoal, na sua projeção individual, ou na sua valorização egoística.

Ele visará sempre ao interesse do grupo, sacrificando-se, se preciso for. Sua função é servir, embora tenha o comando. Servir é estar à disposição da obra, e não estar às ordens do grupo, sujeitando-se ao capricho de sugestões fundadas em interesses estranhos, mas fazer aquilo que se deliberou fazer em benefício da comunidade, da empresa, agir em função do grupo e não como se fora um indivíduo.

É curioso observar e descobrir que, quando agimos em causa própria, muitas vezes adiamos a execução do trabalho, o deixamos para depois. Todavia, quando agimos em benefício do grupo, passamos a ter maior perseverança no trabalho. Enfim, o líder, decidindo como se estivesse na condição de servo, verificando o que mais convém à missão, estará tendo as características próprias de quem é um autêntico comandante.

9. Saber punir, procurando fazer justiça.

Saber punir é uma das mais difíceis artes. Há o momento exato, a atitude certa e a palavra adequada. As repetidas admoestações tornam-se rotineiras e sem nenhuma utilidade, do mesmo modo que elevar freqüentemente a voz faz o líder perder sua autoridade; o grito parece ser a arma mais eficiente do desesperado, embora apenas identifique sua incapacidade de dialogar diplomaticamente.

Via de regra, um olhar, um sorriso irônico, uma palavra direcionada, um franzir da sobrancelha é o suficiente para o bom chefe expressar sua aprovação ou reprovação. Mas há o momento em que a observação tem que ser mais frisante, circunstanciada, dura, e não pode o chefe deixar de fazê-la, embora lhe seja doloroso.

O melhor a fazer é seguir estas regras:

- Nunca se deve punir num momento de irritação. Como regra, espera-se o dia seguinte para fixar o castigo.
- Ouçamos o faltoso e de boa-fé procuremos com ele as circunstâncias que podem ser atenuantes.

Uma certa vez meu gerente de Relações Humanas me comunicou que estávamos diante de um grande problema, havia um operário em nossa empresa que tinha cometido um delito grave, e não poderíamos discipliná-lo por se tratar de um indivíduo de alta periculosidade, perguntei-lhe quantos homicídios ele já cometera dentro da empresa, ele respondeu que aqui não cometera nenhum, mas lá fora, segundo informações extra-oficiais, foram várias.

Pedi ao senhor Ivo que preparasse uma suspensão de três dias em nome deste infrator, ele me disse que duvidava que ele assinasse. Enquanto Ivo preparava a advertência, mandei um segurança chamar em minha sala o tal homem, eu não precisei mais do que cinco minutos para convencê-lo de que ele era parte integrante da empresa, sendo assim teria que ser tratado como um membro doente de um corpo sadio que não suportaria esta infecção.

Ele logo concordou e assinou o documento na presença do senhor Ivo que maravilhado queria saber o que eu havia falado para o moço que assim procedera. Quando chegarmos à conclusão de que estamos tratando com um indivíduo mau, inacessível aos bons processos, não temos outra saída a não ser castigarmos, castigarmos com vigor, até que mude seu comportamento, do contrário faremos ele mudar de ambiente (endereço).

É dever do líder fazer o possível para que os maus nunca se ajuntem, porque, para os maus como para os bons, a união faz a força. Duvidar, sem motivo, da palavra de um de nossos subordinados seria uma injúria gratuita. Se percebemos que fomos enganados, assiste-nos o direito de punir tanto mais severamente quanto maior confiança lhe tivermos depositado. (Daí o adágio de Cristo que afirma que quanto mais lhe será dado, mais será cobrado.) Antes de fixar um castigo, é muitas vezes vantajoso interrogar à parte o acusado, nunca considerá-lo culpado antes de ouvir as suas explicações, sem o interromper, procurando penetrar no seu pensamento e nas circunstâncias que ocasionaram a sua má ação ou reação.

Então, será mais fácil despertar as boas disposições, que existem muitas vezes em estado latente na alma do culpado, e, se a punição se impõe, quer como advertência salutar, quer como exemplo moral, fazer com que aceite o lado bom dela como um meio para se reabilitar num todo, como já exemplificamos. Porque a falta, como diz o psicólogo Courtois, pode ter origem em muitas razões:

- Se a ordem foi mal transmitida pelo líder, neste caso, como impor a correção?
- A ordem foi bem transmitida, mas foi mal compreendida pelo subordinado. Ambos têm culpa: o chefe, que devia ter-se assegurado que fora bem compreendido, fazendo repetir a ordem; o subordinado, que aceitou o encargo sem saber ao certo se tinha compreendido. Portanto, cada um deve sentir-se responsável pelos erros cometidos.
- A ordem era correta, a transmissão boa, mas a pessoa encarregada de executar a tarefa não possuía as qualidades requeridas para dominar as dificuldades inerentes ao cargo. Ainda assim a falta é dupla: o líder não devia ter confiado um encargo muito difícil ao seu subordinado; este, pelo contrário, não devia tê-lo aceitado, ou, pelo menos, deveria ver que ainda não estava em condições de cumprir a missão que havia-lhe sido confiada.

Os requisitos dos pontos acima estão todos atendidos, mas o subordinado não se aplicou como um verdadeiro líder ao trabalho. Neste caso, a falta recai inteiramente no subordinado, a não ser que o líder se sinta também responsável por não ter sabido despertar o interesse necessário. Daí a necessidade de saber punir, procurando fazer justiça.

10. Procurar conhecer bem os próprios subordinados.

O ser humano tem necessidade de sentir que é conhecido entre aqueles que com ele trabalham, especialmente, do seu superior, para se dedicar com mais amor e interesse ao seu trabalho. E, se percebem que o estimam e contam com ele, então é capaz de ultrapassar suas funções rotineiras.

Nem mesmo O Cristo Senhor se excluiu da necessidade de saber o que os homens pensavam a Seu respeito. Depois de cumprir boa parte de seu ministério na terra, Ele sentiu que ainda era um mero desconhecido da maioria dos pensadores de Israel. Certamente chamou os seus apóstolos e encomendou uma pesquisa de opinião pública.

O resultado foi o mais surpreendente possível. Acredito que os resultados foram tão adversos que os apóstolos preferiram expurgar os quatro primeiros lugares na pesquisa pública. Tenho motivos de sobra para afirmar isso, todavia não farei neste livro para não ser redundante com outras obras de nossa autoria onde sistematizamos esse fato. Os apóstolos preferiram mostrar ao Mestre apenas as três últimas colocações como se fossem as primeiras: "Em primeiro lugar, o povo pensa que Tu é João Batista; em segundo lugar pensam que o Senhor é Elias e em terceiro e último lugar pensam que o Senhor é Jeremias ou qualquer outro profeta." (Mateus 16, 13-16).

Cristo ficou certamente entristecido com os pensadores.

Então Ele diz: "Mas vocês, quem pensam que EU SOU?"

Não se escandalizem se eu vos disser que nem mesmo os apóstolos sabiam quem era o Homem que eles já seguiam há quase três anos. Se conseguíssemos contemporizar o momento em que este sublime Líder aguardava a resposta de seus súditos, veríamos uma tristeza indescritível em Seu tenro semblante.

Uma pessoa desconhecida é como uma pessoa sem nome e sem história. No livro *O Cristo desconhecido*, volume dois, narro essa história com todas as riquezas de detalhes que requer o fato. O timoneiro Simão Pedro, aquele que não tem medo de errar, não agüentando mais o silêncio de todos os demais apóstolos abriu sua boca e o Espírito Santo de Deus a encheu com uma mensagem dizendo: "Tu és o Cristo o Filho do Deus vivo." Essa resposta deixou o Filho de Deus, tão feliz como nunca havia acontecido antes.

Aquelas pessoas que são tratadas como uma simples peça de engrenagem nada fazem além da estrita obrigação, não tendo o menor estímulo no seu trabalho. Cria-se nelas um desejo de vingar-se dessa indiferença, não só reduzindo o seu ritmo de trabalho, como inclinando-se para o campo do derrotismo, atingindo a muitos que o ladeiam.

Cabe ao líder evitar esse mal, identificando cada um de seus subordinados e procurando conhecê-los dentro e fora de suas atividades profissionais. Certa ocasião, conversando com um funcionário numa farmácia, contou-me ele da admiração que tinha pelo seu patrão, que perguntava pela sua família, interessava-se pela sua vida e chegou mesmo a oferecer-lhe um empréstimo para concluir mais rapidamente sua casa que estava com muita dificuldade para construir.

Evidentemente que esse funcionário, ou companheiro de trabalho, gostava muito de seu líder e seria capaz de fazer sacrifícios sub-humanos para ajudá-lo no seu estabelecimento. Aliás, é através desse conhecimento pessoal de cada subordinado que o líder passa a conhecê-los melhor, a saber de suas tendências e a encontrar para cada um o trabalho que melhor lhes convém para usarem o máximo da potencialidade de cada um.

A experiência ensina-nos que, muitas vezes, basta uma mudança, na aparência insignificante, para fazer de uma pessoa comum um bom empregado. O líder, de certo modo, não é apenas um superior, é também um psicólogo e até um educador. Não transmite somente conhecimentos, mas deve tentar entender até o que vai na alma daqueles que estão sob seu comando. Assim, estimulará os que se sentem fortes, aconselhará os que estão inquietos e precisam de alguém a quem confiar suas inquietações.

Neste momento, é preciso saber ouvir com atenção e dar uma decisão, porque o homem que se lamenta, na maioria das vezes, quer encontrar uma solução para os seus problemas, seja ela em que sentido for. É muito importante conhecer os companheiros com quem trabalhamos! Conta-se a história de um certo homem experimentado que, já idoso, iniciara outra atividade com raro sucesso.

E quando lhe perguntaram qual a razão de seu meteórico sucesso, entendendo tão pouco deste novo ramo de atividade, respondeu: "Com efeito, eu não conhecia as máquinas, mas conheço muito bem os homens que comigo trabalham!"

CAPÍTULO 2

A IMPORTÂNCIA DAS REUNIÕES DO LÍDER COM OS SEUS LIDERADOS

Em quase todos os itens das regras básicas do líder, apresentados e desenvolvidos no capítulo anterior, a tônica para a eficiente liderança é *familiarizar-se com a obra a cumprir; evitar atitudes dominadoras, conhecer e ajudar os liderados; não decidir arbitrariamente e dar o exemplo de bem servir a obra.*

Um dos meios, e o mais apropriado para o líder conseguir esse objetivo, é promover reuniões producentes com os seus liderados. Essas reuniões dão a oportunidade aos subordinados de apresentar suas queixas e suas dificuldades, além de fazer sugestões e ouvir as opiniões de seus colegas, em relação aos problemas gerais enfrentados e resolvidos pelo grupo.

Tem ainda a grande vantagem de colocar a liderança, democraticamente, diante de seus subordinados, para colocá-los a par dos planos emergentes da obra e integrá-los. Passarão, assim, a cooperar com convicção no projeto do superior, deixando de ser, apenas, cumpridores de ordens.

O hábito das reuniões entre o líder e seus subordinados deve ter como meta permitir maior sociabilidade entre as partes, aproximando-os em torno de um mesmo objetivo, que é a obra. As vantagens práticas das reuniões situam-se em três planos, a saber:

Intelectual
- **Associam** idéias dispersas, favorecendo o pensamento cooperativo e a unidade de vistas.
- **Permitem** a cada um ouvir as idéias dos demais e examinar os problemas sobre novos ângulos.
- **Proporcionam** e estimulam o surgimento de novas e melhores idéias, independentemente das que cada um possa trazer para a reunião.
- **Ensejam** o esclarecimento de dúvidas e o surgimento de objeções.
- **Estimulam** o desenvolvimento de uma atitude crítica e inquiridora.
- **Contribuem** para a superação de preconceitos e idéias falsas.

Relacionamento
- **Valorizam** e prestigiam o cooperador.
- **Propiciam** um maior intercâmbio de conhecimento recíproco dos componentes do grupo e, conseqüentemente, um melhor entendimento geral.
- **Facilitam** a identificação dos problemas, dificuldades e necessidades individuais.
- **Reduzem**, enfraquecem ou desencorajam as atitudes de oposição sistemática.
- **Ativam** o sistema interno de comunicações, no grupo de trabalho e na comunidade entre os membros.

Administrativo
- **Ensejam** melhor distribuição de tarefas.
- **Possibilitam** melhor coordenação de esforços com vistas ao fim comum; e asseguram a unidade de orientação, de forma coletiva.
- **Promovem** maior segurança na ação; é como se a responsabilidade pertencesse a todos e não somente ao líder.

- **Constituem**, enfim, importante fator de racionalização do trabalho.

REGRAS PARA O BOM FUNCIONAMENTO DAS REUNIÕES

Parece um exagero apresentarmos 48 regras básicas para um bom funcionamento das reuniões entre o líder e seus liderados. Todavia, essas regras bem administradas nunca são demais.

Se as reuniões entre o líder e seus subordinados são importantes e, por isso necessárias, devem, para alcançar seu objetivos, ser realizadas dentro de normas que as conduzam ao bom termo.

No primeiro capítulo, sugerimos algumas regras para a direção dos trabalhos entre os dirigentes e seus respectivos membros, agora nos estenderemos um pouco mais sobre a matéria, apresentando mais regras, que, se forem seguidas sistematicamente nas reuniões entre líderes e subordinados, facilitarão o seu funcionamento e darão êxito satisfatório a essas reuniões.

1. Programe de antemão tudo quanto deve ser exposto e apreciado na reunião, dispondo os itens na ordem em que os assuntos deverão ser tratados. Essa ordem do dia deverá ser digitada e distribuída com antecedência, pelo menos de um dia, a todos os participantes. No final dessa ordem do dia, deverá constar um item sobre rubrica: "assuntos diversos", para o encaminhamento de qualquer assunto imprevisto e urgente.
2. Para a ordem do dia da reunião seguinte, poderão ser sugeridos assuntos pelos participantes da reunião, cuja apresentação se fará no item referente a "assuntos diversos".
3. A reunião deve ser feita, de preferência, em mesa redonda, ou quadrada, de modo que os participantes estejam eqüidistantes do centro da mesa, evitando-se, assim, que alguns se distanciem muito do líder.

4. É sempre útil, antes da abertura dos trabalhos, ler um pensamento inspirador a respeito do trabalho, da dignidade, da verdade, da amizade, enfim de algo que predisponha todos a encarar com seriedade os assuntos que vão ser tratados. (Tomamos conhecimento de reuniões que se faziam numa determinada empresa, precedidas de uma canção popular, cuja música era conhecida de todos, fazendo-se apenas a distribuição da letra; todos os participantes cantavam e se tornavam mais comunicativos por isso.) Nós, ministros de Cristo, devemos proceder da mesma forma, porém com hinos de louvor ao nosso Senhor e Salvador Jesus Cristo.

5. A reunião deve começar no horário marcado, com o número de participantes que tiver, advertindo os retardatários de seu atraso. O encerramento também deverá se dar na hora previamente marcada, a fim de não entediar os trabalhos programados para depois dessa função. Se é culto, ensaio de grupos de louvor ou de grupo de oração, começar e terminar no horário predeterminado.

6. Se possível, a sala de reuniões deve ser clara ou iluminada, ventilada e agradável, especialmente as cadeiras devem ser confortáveis. Se estas forem duras e sem conforto, prejudicarão sensivelmente o bom andamento dos trabalhos. A maioria das pessoas detesta reuniões, assim, como há pessoas que detestam literatura; ambas são muitíssimo importantes para o crescimento do conhecimento, desde que sejam bem direcionadas e objetivadas. O ser humano que não lê nada pode saber, o que não se reunir para ouvir nada pode aprender. A leitura e o conhecimento de Deus devem ser para a alma o que a água e o alimento são para o corpo.

7. O líder eficaz deve conhecer, pelo nome, todos os participantes convocados para a reunião. Se não souber de memória esses nomes, devem ser anotados e identificados, a fim de que ao se referir a um dos presentes o faça nominalmente. Chamar alguém

pelo nome não só faz com que ele se sinta valorizado, como demonstra atenção e respeito por parte de quem o chama. Ao cumprimentar um companheiro de trabalho, parceiro de negócio ou qualquer outro indivíduo sempre o faça olhando bem no seu olho, isto nos dará maior segurança, se estivermos tratando com alguém pouco confiável, descobriremos facilmente neste momento.

Em uma terapia de grupo, é muito fácil identificar os mais ávidos entre os candidatos simplesmente ao cumprimentá-los. Fico indignado quando sou cumprimentado por alguém que não olha dentro dos meus olhos, penso que não pode ser um líder, ao saber que exerce a função de liderança; logo tenho pena de seus subordinados.

8. A fim de que o líder possa conhecer pelo nome todos os participantes convidados e conseguir maior integração entre eles acerca dos temas debatidos, convém que o número deles não seja superior a vinte e quatro pessoas. Estamos tratando de reuniões especiais como uma junta conciliadora, onde o presidente deve votar apenas para desempatar, no caso de haver doze votos para cada parte.

9. No início da reunião o líder deve mencionar o nome de cada um dos presentes, dirigindo o olhar na sua direção. Lamentará a ausência dos faltosos e agradecerá a presença dos que compareceram no horário predeterminado. A seguir, identificar-se-á, dando seu nome e qualificação, se achar necessário.

10. Nunca se deve permitir a presença de pessoa estranha ao interesse da obra durante a conclusão da reunião. Exceto se for conveniente fazer com que ela tome conhecimento da mesma, neste caso, suspende-se momentaneamente os trabalhos e apresenta-se o visitante aos demais, identificando-o. Apresentar uma pessoa significa, somente, dar suas credenciais, o que difere muito de uma saudação, que está no campo do discurso, ainda que seja por tempo limitado de três a cinco minutos. Apresentado o visitante,

devem ser mencionados os nomes dos participantes da diretoria que pertencem à reunião, dizendo suas funções. Eles irão se sentir valorizados com esta atitude de seu superior.

11. Na discussão de cada um dos itens da ordem do dia, é necessário que não se desvie deles, nem se desvirtue. O líder deverá estar atento para que tal situação não aconteça.

12. O líder deve falar estritamente o necessário. Sua função é ser coordenador, esclarecedor e orientador dos participantes. Quando os participantes começam a perder-se em suas manifestações, causam desinteresse e até ojeriza aos demais ouvintes.

13. Todos os esclarecimentos devem ser dados pelo líder ao iniciar a reunião, tanto em relação ao seu processamento, quanto às intervenções dos presentes.

14. O líder, verificando que alguns dos presentes não estão interessados nos trabalhos, deverá, com habilidade, comunicar-se com eles e fazer com que digam alguma coisa. Muitas vezes, essas pessoas caladas têm alguma idéia aproveitável sobre o assunto em debate e temem apresentá-la. A iniciativa tomada pelo líder é exatamente o estímulo de que elas necessitam, como é óbvio que os ouvidos são as portas da faculdade do conhecimento, estes prediletos ouvintes acabam sendo mais sábios do que os mais falantes.

15. Nas reuniões solenes entre o líder e os liderados, todos falam sentados, porque deve imperar o formalismo. Ademais, não se trata de um monólogo e sim uma conversação e discussão de assuntos.

16. Os assuntos mais importantes devem ser apreciados no início da reunião, porquê:
• As pessoas estão mais descansadas;
• Não há pressa nos debates. Ao passo que, se deixássemos para o final, o tema obrigaria a tratá-los de afogadilho e, possivelmente, algumas pessoas, mesmo que precisassem participar da discussão, se absteriam de fazê-lo, para não ultrapassar o tempo de duração da reunião.

17. Sabendo-se, de antemão, quais são os assuntos opinativos e deliberativos, o líder deve dividi-los nestas duas categorias. Os deliberativos devem ser tratados primeiro e os opinativos depois. Resolvidos os assuntos deliberativos, não importa que fiquem para a reunião seguinte os opinativos.
18. Em relação às reuniões de dirigentes, deve o dirigente da reunião usar quantas vezes puder o "por quê?". O uso dessa expressão obrigará o interlocutor a esclarecer melhor seu pensamento, dando tempo para uma resposta, ou para que os demais ouvintes possam compreender e discernir o que foi dito.
19. Os participantes da reunião deverão estar à vontade, porém atentos. Estar à vontade não pressupõe irreverência, ou pernas cruzadas como se estivesse assistindo à TV no sofá de sua sala. Se alguém conversar demoradamente com o vizinho, convém o líder interromper a reunião e pedir que um deles se levante e estenda o assunto aos demais, para que todos conheçam o assunto e participem.
20. Há reuniões convocadas especialmente para o estudo de um assunto que interessa a alguns dos participantes, ou apenas a um deles. São assuntos especiais e, por isso, devem ser expostos pelos interessados. O líder deve estar atento ao fato de que a matéria seja exposta com plena liberdade e clareza e que os demais também procedam do mesmo modo na sua discussão. Em relação a esses assuntos, é aconselhável que não constem da súmula dos trabalhos ordinários as opiniões expressas, mas uma referência sucinta, apenas para identificá-los.

Como foi uma manifestação dos interessados, não havendo, portanto, deliberação a respeito, o líder dirá que encaminhará o assunto para deliberação, depois de estudá-lo devidamente. Nesta hipótese, o líder precisa dar uma satisfação, na reunião seguinte, sobre as providências que tomou, independentemente de ser ou não interpelado pelos interessados.
21. O líder da reunião não deve opinar, senão depois de ouvir todos os interessados na discussão da matéria. Se falar antes, poderá

obstar o pronunciamento de alguns dos participantes, desconhecendo, assim, a sua opinião.
22. Para que seja mais formal a apresentação de certos assuntos, o mais indicado é a utilização de uma lousa, ou dos modernos aparelhos de projeção (audiovisuais). Os quadros sinópticos, os mapas e os *slides* facilitam muito o entendimento da matéria discutida.
23. O líder deverá ter muita habilidade ao se referir a cada um dos participantes, tratando-os de acordo com os respectivos temperamentos. Ajudando os tímidos e falando-lhes com temperança, monossilabando com os afoitos e sendo mais enérgico com os que intervêm desnecessariamente, assim conseguirá conduzir bem a reunião.

Conta-se que, uma certa vez, o bispo Dr. Manoel Ferreira surpreendeu todo o plenário diante de alguém que inconvenientemente interrompia os trabalhos convencionais durante todo primeiro período, no início do segundo período, ele sabiamente convidou o falastrão a assentar-se ao seu lado, bem de frente para todo o plenário, com essa atitude ele silenciou o paroleiro e conduziu a reunião com sucesso.
24. Os assuntos devem ser tratados na ordem em que forem estabelecidos na ordem do dia. Em circunstâncias especiais, poderá haver uma inversão nessa ordem, desde que, beneficie o encaminhamento de outros assuntos também programados.
25. Sempre que possível, o líder deverá procurar a identificação de pontos de vistas na opinião dos presentes com relação à matéria discutida, demonstrando que, assim, resultará em melhor proveito para todos e o assunto poderá, desde logo, ser deliberado ou resolvido. Conheço alguns líderes que são mestres nesta regra.
26. Se várias opiniões forem apresentadas, deve o líder verificar se elas se identificam com um determinado ponto, e no caso positivo, demonstrar essa identidade para focalizá-la e deliberar, ou opinar a respeito.

27. Se o líder verificar que um ou mais participantes subestimam a opinião de outro, deverá intervir para explicar que todas as opiniões são válidas e, por isso, devem ser respeitadas.
28. Cabe ao líder esclarecer as opiniões apresentadas de modo confuso, sem, todavia, evidenciar esse defeito. Se ele tampouco entendeu a idéia formulada, fará perguntas delicadas, para entendê-la bem.
29. Durante a reunião, somente os casos urgentes e importantíssimos poderão ser trazidos de fora ao conhecimento dos participantes. Assim, os telefonemas devem ser adiados, e os celulares desligados.
30. Quando alguém estiver falando, deve o líder assegurar-lhe a palavra para que exponha, sem intervenção. Não deve permitir que os participantes se dirijam diretamente àquele que opinou, para combater o seu ponto de vista ou discordar. Eles deverão referir-se a essa opinião, falando para o líder, sob pena de este se eclipsar na discussão.
31. O líder de uma reunião não deve dar mais atenção a este, ou àquele participante. Todos devem receber o mesmo grau de tratamento.
32. Se o líder verificar que um dos participantes usou expressão excessivamente técnica, ou um termo pouco conhecido, deverá, veladamente, dar o significado dessa palavra aos demais, para que possam entender melhor o ponto de vista expedido. Caso não conheça, deve ter humildade suficiente para pedir sem arrogância ao autor que a explique de forma simplificada.
33. Se as narrativas de fatos, ou a menção de experiências pessoais forem pertinentes ao assunto tratado, deve o líder pedir que elas sejam feitas por aqueles que as tiverem e assomando aos demais.
34. Antes de responder a qualquer pergunta formulada por um dos presentes, convém ouvir os demais participantes a respeito, e só depois, deverá opinar o líder, se entender ser sua obrigação.
35. O líder deve ser um poder imparcial, moderador, não se agastando desnecessariamente com fatos ou pessoas. Um líder nervoso

ou irritado é fator decisivo para o desvirtuamento de uma reunião. Poderá, até para amainar os ânimos, fazer humor. O meu presidente acadêmico, reverendo Ivan Espíndola de Ávila, é um grande mestre nesta regra, assim como também o professor Fausto Rocha.

36. Os assuntos só devem ser do interesse geral do grupo, e nunca particular a não ser em caráter especial. Se eles vierem à baila, deve o líder, delicadamente, determinar que sejam tratados fora da reunião.

37. Toda vez que uma opinião for emitida de modo brilhante, excepcionalmente construtiva e do interesse da obra, deve o líder evidenciar essa qualidade, para estimular o seu autor e os demais nas suas manifestações posteriores. Terá, entretanto, o cuidado de não depreciar as manifestações dos outros.

38. O líder deve pedir aos participantes que apresentem suas opiniões de modo sucinto, para o bom aproveitamento do tempo, explicando-lhes que, se isto não ocorrer, interferirá para conseguir esse objetivo. Neste caso, deverá, no momento preciso, praticar essa intervenção de modo delicado e justificando-se com a advertência feita anteriormente.

39. Se o líder verificar que há a preocupação de alguns dos participantes em perturbar os trabalhos, não deverá atacá-los diretamente. Deverá procurar, entre os presentes, aqueles que afinem com o ponto de vista dele, líder, para que estes respondam ao perturbador. E ficará, assim na posição de juiz, que irá opinar por uma ou por outra facção, criando para si um clima favorável. Se entender que não convém opinar sobre a matéria, dirá que respeita ambas as opiniões, devendo estudá-las.

40. Para constatar se realmente um ponto de vista é sincero e apresentado em favor do grupo, convém fazer-lhe objeções, para que se manifeste a sua solidez por aqueles que o defendem.

41. O líder não deve chegar a ponto de policiar a reunião de modo absoluto. Há ocasiões em que um assunto apaixona a maioria e

todos desejam falar a respeito, muitas vezes ao mesmo tempo. O líder deverá ter critério suficiente para saber se deverá deixar que esse calor se manifeste, para uma descarga necessária dos nervos dos presentes, ou se interfere, para evitar que a reunião se degenere em desavenças. No primeiro caso, não intervirá por algum tempo; no segundo, fará imediatamente para acalmar os ânimos, mas de modo conciliatório.

42. Se for demonstrado que certo assunto em debate deve ser posto de lado, e o líder se convencer desse fato, não deverá insistir, e, sim, retirá-lo da pauta, para melhor estudo ou arquivá-lo completamente.

43. O líder deve estar atento ao assunto em discussão, de modo a abreviá-lo. Deverá ficar constantemente alerta para que os aspectos importantes da matéria em debate sejam ventilados, do mesmo modo que sejam retirados os considerados supérfluos.

44. O tempo de duração da reunião, previamente estabelecido, deve ser observado com rigor. É mais conveniente interromper os trabalhos e acabar a reunião, quando já decorreu o prazo preestabelecido, do que prolongá-la para liquidar a pauta de serviços. O precedente da prorrogação do prazo constitui-se numa ameaça de sua repetição nas reuniões subseqüentes.

45. Deve haver um intervalo, no meio dos trabalhos, para um pequeno descanso, uma prosa entre os presentes, enquanto tomam café.

46. Todas as vezes que o chefe tiver que discordar da maioria dos participantes, deverá justificar seu ponto de vista, demonstrando que age em favor da obra. Evitará, assim, possíveis ressentimentos e deixará claro que respeita as opiniões emitidas.

47. As reuniões ordinárias devem realizar-se em dia estratégico da semana; de preferência às segundas-feiras, de manhã, tarde ou noite. Todos já ficam sabendo que nesse dia e no horário marcado devem se reunir com o chefe. Só excepcionalmente deverá uma reunião realizar-se noutra data. Por exemplo, as reuniões

das Assembléias de Deus do ministério do Belém em São Paulo acontecem na igreja sede no Belenzinho durante todo o dia na primeira segunda-feira de cada mês, as reuniões das Assembléias de Deus do ministério de Madureira em São Paulo são realizadas na igreja sede do Brás durante todo o dia na segunda segunda-feira de cada mês.

48. É contra-indicado fazer esse tipo de reunião durante as refeições. Nem a digestão, nem o trabalho dos presentes se realizam bem.

CAPÍTULO 3

AS VIRTUDES QUE UM LÍDER DEVE CULTIVAR

A primeira qualidade de um líder é ser um homem bom. Pela bondade tudo se consegue. Todos gostam de servir a uma pessoa boa e amável. A liderança torna-se suave, quando os liderados sabem que aquele que os dirige tem um coração sensível e incapaz de guardar ressentimentos.

Ademir Ramos, quando estava iniciando a sua carreira de advogado, foi trabalhar num escritório chefiado pelo jurista Aureliano Guimarães. A bondade desse homem dava-lhe prazer no trabalho. Era com imensa satisfação que Ademir ficava, muitas vezes, além do horário de seu expediente, estudando com seu chefe os casos sob sua responsabilidade.

Não era necessário Aureliano lhe dar ordens, porque sabia sugerir de modo convincente, pelas suas maneiras, o que lhe competia fazer. Foi para ele grande tristeza ter que deixá-lo, mas nunca se afastou completamente dele, e sua figura de homem bom, compreensivo e amigo perdurou em nossa memória. Esse advogado, respeitado pelo seu conhecimento, pela sua cultura e pela sua posição de Membro do Tribunal de Ética Profissional da Ordem dos Advogados de São Paulo, tendo antes sido conselheiro da Ordem, por vários anos, conversava e discutia as questões com seus companheiros de escritório, muitos jovens iniciando-se na profissão, em pé de igualdade, procurando, apenas, esclarecer, transformando-se, naturalmente, num emérito professor.

Essa atitude, por ser calcada na sua bondade, cativada, tornou tais momentos um verdadeiro deleite. O prazer que todos tinham de encontrá-lo, no dia seguinte, no trabalho, fazia com que seus auxiliares chegassem até mais cedo ao escritório.

O democrata Vauvenargues dizia: "O supremo da habilidade está em governar bem sem a imposição da força." O filósofo e cientista político Lacordaire disse: "Não se pode reinar bem sobre os homens, quando não se reina no seu coração." (Eu penso que não se pode ser um bom líder sem antes ter sido um bom subordinado.) O líder sem o espírito de bondade e de justiça terá sua liderança sempre ameaçada pela cisão, sem o cultivo dessas virtudes, não logrará conduzir bem seus liderados.

Ser atencioso

Uma pessoa pode ser boa de coração, mas por falta involuntária de atenção ser mal-interpretada. A atenção cultiva-se. É preciso saber ouvir, mostrar-se interessado naquilo que lhe dizem. A posição do líder faz sempre o subordinado pressupor que está em posição inferior a ele. O apóstolo São Paulo disse: "Considere os outros superiores a ti mesmo." Se não houver a preocupação de ser atencioso, haverá sempre o perigo de que essa suposição domine o coração do liderado.

Quando o líder for procurado pelo seu subalterno para uma pergunta, uma comunicação, ele deve parar o que estiver fazendo e prestar bem atenção no que lhe for dito sempre olhando dentro do olho, nunca se mostrando impaciente. E se tiver que interromper o seu interlocutor, porque está sendo fastidioso e prolixo, deverá saber dar uma pancadinha no seu ombro, ou seja, retirá-lo do pedestal para, com um sorriso, cortar sua conversa e dar a resposta ou a informação desejada.

Quando o subordinado procura o líder em caráter excepcional, fora da rotina de trabalho, este deve recebê-lo de pé, ou levantando-se para cumprimentá-lo. Se a conversa for mais circunstanciada, deverá mandá-lo sentar. Saberá que seu liderado estará meio confuso e, por isso, deverá pô-lo à vontade, fazendo-lhe perguntas acerca de sua pessoa, de seus familiares e do seu trabalho.

Se for servido um café durante essa visita, este será oferecido ao visitante também. Essa atenção permitirá, depois, se for o caso, discordar do seu subordinado nas suas aspirações, não o desgostando, porém mostrando-lhe que as idéias levadas a capricho podem ser contraproducentes e não atenderem às necessidades da obra.

Visitar um subordinado ou um membro doente de sua comunidade, cumprimentá-lo no dia do seu aniversário, ir ao enterro de seu parente, perguntar quais são suas necessidades do dia-a-dia, perguntar da saúde de seu parente enfermo, saber como vão seus filhos na escola, ir ao casamento de seu filho, todas são atitudes que demonstram carinho e atenção e que nunca serão esquecidas.

O líder deve convencer-se dessa simples verdade: ele precisa mais de seus subordinados do que do seu superior que lhe é hierarquicamente o seu comandante imediato. No entanto, o desconhecimento dessa verdade evidente faz com que um líder deixe de dar a devida atenção aos seus subordinados, para reverenciar o seu superior. Nessa falsa hipótese, é velada a razão e achando garantir sua posição mais por benevolência e, portanto, precariamente, do que pelo seu próprio valor.

Ser atencioso é virtude indispensável do líder para com os seus liderados e deve ser cultivada com o mesmo cuidado que se dá a uma planta da qual se pretende, depois, colher bons frutos. Uma certa vez dirigindo uma grande comunidade, senti a necessidade de uma maior aproximação com os membros, vendo a impossibilidade de conhecer a todos em um pequeno espaço de tempo, encontrei uma forma de cumprimentar a todos que assim o desejasse, nos dias de domingo, cinco minutos antes do encerramento do culto, decidi passar o púlpito para meu co-pastor e me direcionar para a porta principal. Pude assim, cumprimentar a todos que queriam se aproximar de seu pastor e isso foi muito importante.

Ser justo

Nada fere mais o ser humano do que sofrer uma injustiça, porque essa pressupõe o desejo deliberado de prejudicar alguém em benefício de outrem. As injustiças ficam gravadas no subconsciente dos homens, assim como as marcas feitas ao corpo com ferro em brasa. Serão sempre lembradas, produzindo o rancor, o ódio que gera o pior sentimento que é o desejo de vingança. Como disse o sábio Salomão: "É mais fácil conquistar uma cidade fortemente armada do que um coração magoado."

Para ser justo, é preciso atentar para estes fatos:

- Saber distinguir elogios e censuras, no momento oportuno.
- Saber reconhecer o valor e o mérito, independentemente da posição ocupada, por quem deles façam jus.
- Não interferir no comando de outrem, nem criticá-lo perante seus liderados.
- Arcar com as responsabilidades de seus atos, não atribuindo a terceiros, especialmente a subordinados seus como fez Adão. Não assumir os erros que cometemos, ou insucessos no trabalho, traz prejuízo maior do que se possa imaginar.
- Cumprir com exatidão seus deveres e obrigações, procurando ser irrepreensível na sua conduta — conselhos do apóstolo Paulo.
- Não pleitear para si vantagens em detrimento de outrem que tenha trabalhado para este merecimento.

É comum dizer-se que o homem não é perfeito e que pode, por isso mesmo, cometer injustiça. O filósofo Platão já dizia: "O homem é imperfeito, porque Deus assim o quis fazer. Pois, se Ele fizesse o homem perfeito, teria feito a ele Deus." Da dialética à lógica penso que Platão não conheceu a Deus, exceto por aquilo que seu mestre Sócrates lhe falou. Por isso escreveu este pensamento ingênuo. O homem é passível de certa imperfeição, todavia não se trata de um ser meramente feito imperfeito, o homem pode chegar à perfeição desde que se esforce para tal. Há uma diferença muito grande entre uma injustiça consciente e uma inconsciente. E desde que verifique que cometeu, inconscientemente, uma injustiça, deve-se corrigi-la, sob pena de ser considerado voluntariamente injusto. A melhor justiça se faz quando se reconhece o erro, acertando suas arestas.

Ser organizado

Nada impressiona mais desfavoravelmente um líder do que ver o seu local de trabalho em desalinho, com os objetos desordenadamente espalhados, abrindo e fechando gavetas à procura de um documento, ou de um instrumento qualquer. A idéia que se tem de um homem que assim se apresenta é a de que todo o seu serviço está em desordem. Eu particularmente nunca fui bom com isto, porém tive sempre alguém que me completasse. Você não deve nunca pensar que pode fazer tudo sozinho.

A organização de um líder deverá começar pela sua maneira de se apresentar. Não será preciso estar impecavelmente vestido, mas deverá estar barbeado, limpo, com a roupa passada, os sapatos engraxados, dando a impressão aos outros de que é organizado consigo próprio. Quem não é organizado consigo mesmo, dificilmente o é com as coisas que faz.

Quanto ao trabalho, é evidente a importância da organização na atuação do líder. Deverá se preocupar em diferenciar as tarefas e reparti-las com os executantes, tendo em conta as aptidões de cada um. Daí, resulta um quadro de organização que fixa a cada qual a sua missão, o seu substituto, os seus colaboradores, o seu superior.

É justo o princípio destacado de que para uma ação determinada um agente não deve receber ordens senão de um único chefe. Assim, fica assegurada a unidade de comando, diferente da unidade de direção, mas também necessária, sendo a violação dessa lei uma das causas mais freqüentes de trabalho sem eficiência, de hesitações, desordens, atritos e conflitos.

A organização inibe o superior maior de agir sem intermediários, mas exige igualmente uma categórica definição dos poderes. Jetro, sacerdote dos medianitas sabia tudo sobre a hierarquia de uma liderança organizada e eficaz. Chamou o erudito Moisés e disse: "Meu genro, depois de quarenta anos de convivência entre nós, vejo que não aprendeste muita coisa; sequer aprendeu a liderar com eficiência, desta forma não vai chegar a lugar nenhum com este povo. Quer um conselho, filho?" "Sim, meu mestre", respondeu Moisés. "Separa o líder entre seu povo para auxiliá-lo nesta longa e difícil caminhada, porém observa bem as características naturais que cada um deve ter":

- Ser capaz (inteligente e competente).
- Ser temente ao seu superior, sabemos que o temor de Deus é o princípio da sabedoria.
- Homens de verdade, (Jetro já via pseudo-homens entre os hebreus).
- Homens que aborreçam a avareza (renunciados de suas paixões naturais não avarentos).

"Com sabedoria e exemplo de bem servir à obra você deve preparar os seus líderes e durante a preparação saberá quem tem mais qualidade de comando e assegure sobre cada um deles o cargo que lhe convier, sobre comando de dez, de cinqüenta de cem, e de mil. Este deverá ser chefe de campo, as coisas erradas que acontecer em sua comarca, ele resolve com os seus subordinados, ficará para você resolver apenas as coisas que eles não puderem resolver entre eles mesmos." (Êxodo 18,21).

Numa organização comercial ou industrial não é difícil o estabelecimento de um quadro organizacional que fixa cada qual a sua missão, designando o seu substituto, e os seus colaboradores, o seu superior dando-se as instruções necessárias e controlando através de um fluxograma o exercício das respectivas funções. Nessas organizações, há o salário pago pelos serviços prestados.

A dificuldade surge, exatamente, quando se pretende semelhante organização em entidades sociais sem o intuito de lucro. É o caso de entidades de cunho filantrópico como é o caso do ministério evangélico, onde tratamos com líderes que prestam serviços voluntários, homens de vários segmentos socioculturais, alguns totalmente leigos culturalmente, embora eleitos por Deus para exercerem cargos eclesiásticos. Quando se trata, por exemplo, de uma campanha para angariar fundos para tais entidades, ela não vingará se, atrás desses elementos, não houver uma equipe de profissionais para orientá-los, incentivá-los e organizar o serviço de secretaria e tesouraria. Se houver um avarento entre o grupo, logo aparecerá o seu pensamento em detrimento do pensamento geral.

Enfim, é necessário que a liderança seja competente, preparada, organizada, mas é preciso, também, que essa organização seja observada por todos os elementos da equipe. Muitas vezes, o fracasso de uma organização deve-se ao mau funcionamento de um único setor, que deixou de produzir o trabalho que lhe competia. É preferível demorar um pouco mais organizando-se, a começar o trabalho de qualquer forma.

Saber dirigir

O verdadeiro líder se diferencia do falso na maneira de dirigir seus subordinados. O primeiro não procura impor-se dando ordens, mas faz nascer nos liderados o desejo de uma colaboração voluntária, espontânea e duradoura. Já o segundo, o falso líder, arvora-se em ditador, prepotente, avarento e invejoso, fazendo questão de, nos menores gestos, dar a entender a todos que quem manda é ele, que ninguém poderá fazer nada senão aquilo que ele predeterminou, ainda que seja prejudicial a toda organização.

Esse pseudolíder ignora que o seu subordinado é um ser humano dotado de inteligência e de liberdade, atributos que precisam ser respeitados, sob pena de levá-lo à frustração, ou à revolta, para manter a sua dignidade de um ser humano. A palavra *ordem* tem duplo sentido. Ordem é a indicação precisa dada a um subordinado a respeito do que ele tem de fazer. Ordem, num sentido mais lato, é o arranjo harmonioso dos elementos de um todo, para corresponder a uma concepção de conjunto. O líder não deve dar ordens senão em função da ordem geral por ele concebida, neste sentido o *tem que fazer*, nesta circunstância, passa para a esfera do *dever fazer* o melhor.

Para que a ordem possa ser cumprida, é necessário que ela seja clara. A falta de clareza indica ausência de precisão, indeterminação, indecisão. Um líder que dá uma ordem passível de duas interpretações está contribuindo para que seu subordinado a cumpra mal, ou não a cumpra. Não poderá, por isso, repreendê-lo, depois, se houver imperfeição no seu cumprimento. Uma decisão cujas razões foram compreendidas e aprovadas será aplicada com plena consciência e obterá a máxima eficácia.

Para que uma ordem possa ser considerada correta, é necessário verificar sua forma e seu conteúdo. É muito freqüente ver que ordens justas dão lugar, pela forma que são apresentadas, a críticas que destroem o seu efeito. Para que isso seja evitado, deve-se perguntar ao líder o que ele pensaria se fosse mandado ou reprimido assim? Quais seriam as suas reações interiores?

Mas saber dirigir não é somente dar ordens e fazer com que sejam compreendidas, sem ferir as suscetibilidades do subordinado. Dirigir significa, sobretudo, controlar a execução da ordem até quando ela for devidamente cumprida, de modo sutil, perspicaz e inteligente, sem ofuscar ou ofender a dignidade do liderado. E essa vigilância é necessária porque, muitas vezes, poderá ocorrer um desajustamento entre o plano previsto e a sua concretização.

Nesse caso, cabe ao líder discernir entre o que deve prosseguir e qual a parte a ser alterada ou corrigida, e, em alguns casos, até, substituir o agente, quando verificar que circunstâncias novas surgiram, que exige a presença de um executante mais bem preparado. Esta é uma missão penosa para o líder e para o subordinado, necessitando, por isso, ser enfrentada com perspicácia pelo líder superior.

A substituição deverá ou não ser feita com explicações, dando-se sempre a entender que o líder visa beneficiar a obra, e não a si próprio e tampouco ao subordinado, que às vezes acha ser insubstituível e tenta mostrar para seus superiores que o setor não sobreviverá sem ele. O líder tenta explicar que as suas tendências poderão ser mais bem aproveitadas em outro setor. Pessoas como estas não servem para liderar, porque líderes idôneos não devem fazer o que lhes convém e, sim, a vontade de seu superior em benefício da obra.

O controle na execução de serviços deve ser feito através da inspeção pessoal do líder de preferência com alguém da área de controle de qualidade. Conta-se que o general Lyautey, quando comandava seu exército em Marrocos, não havia dia em que, desembaraçando-se por uma ou duas horas das cadeias do gabinete, não fizesse uma descida a Rabat, com o pretexto de visitar os trabalhos, ia ter contato com a vida do povo, para saltar a barricada e colocar-se no plano público.

Em qualquer ocasião, ia dar uma volta, para ver, *in loco*, um posto, uma charneca, e uma vez aí, nenhum programa, nenhum protocolo o impediam de romper os anteparos para atingir diretamente, de surpresa, o colono, o empreiteiro, o comerciante, o indígena, e ouvi-los até o fim: o contato pleno, a eficácia, donde brotava muitas vezes a centelha da decisão.

Conhecer seus subordinados (membros e obreiros no caso da Igreja). Trata-se, aqui, não apenas de conhecer seus subordinados pelo seu nome, mas, sim, a índole de cada um, seu caráter e seu temperamento. Por certo que, numa empresa, não haverá identidade de conduta de todos os funcionários e nem se poderá exigir que todos se portem impecavelmente.

Há os que gostam de se fazer notar perante os colegas; assim como na Igreja há aqueles outros que, diante do líder (pastor), são submissos, aparentemente ao extremo e afeiçoados, mas longe (pelas costas) dele, são murmuradores perigosos; há os que são operosos, produtivos, mas modestos, fazendo trabalhos perfeitos, sem que alardeiem seus efeitos, como existem aqueles outros que possuem essas mesmas qualidades na execução do serviço, mas gostam de ser elogiados; finalmente, existem na empresa (na comunidade), aqueles que apregoam abertamente contra ela, orgulhando-se de ser taxados de revolucionários, rebeldes como Coré, datã, Om e Abirão. (Números 16,1). São os tais citados por Dr. Pedro em sua segunda carta no último capítulo, onde apresenta inúmeras teses de doutoramento em geofísica, cosmologia, física nuclear e teologia.

Do tipo Core & Cia, são os tipos, avarentos, invejosos e eternos insatisfeitos, são os inconstantes e murmuradores. Homens e mulheres cheios de ódio. É preciso que o líder (pastor) conheça bem o temperamento de cada um de seus subordinados, a fim de não delegar poder às pessoas como as já citadas, estes sempre teremos entre nós, porém, temos que conviver com o joio e saber como se relacionar com eles sem nos expormos ao escândalo. O desconhecimento dessas características poderá fazer com que o líder acredite no que é falso, ou deixe de considerar um fato que realmente tenha importância. A ingenuidade no líder é imperdoável para o crescimento da obra.

Estimular e elogiar um bom trabalho executado por um liderado, dando a ele as razões do elogio feito, ouvir com um sorriso elegante deve ser coisa rotineira em sua vida, quem sabe, de antemão, ser uma pessoa apaixonada por trabalho voluntário. É bom ouvir sempre com atenção uma reclamação ocasional que parte de um subordinado não acostumado a fazer queixas; tomar as providências que o caso exija sem fazer injustiça, enfim, conhecer o agente para considerar cada ato, dando-lhe o valor que, realmente, deva ter.

O líder que conhece seus subordinados evita conflitos e não se desespera diante de atitudes por eles assumidas. Estará sempre em condições de julgar, conciliar e corrigir, sabendo onde está o erro e por que ele ocorreu. Estudar seus subordinados (na empresa ou na igreja), conhecendo seus problemas no trabalho é o caminho aberto para desenvolver uma liderança sábia e harmoniosa.

CAPÍTULO 4

LIDERANÇA POLÍTICA

A Igreja Evangélica brasileira esteve em quase toda sua história totalmente isenta de responsabilidade política, como se a política fosse coisa do diabo, tudo isto é fruto de uma citação mal-interpretada do apóstolo Paulo que diz que "o soldado que milita não pode se envolver com outra atividade." (Timóteo 2,4).

Este conceito paolíneo passou a ser lei das forças armadas em quase todas as nações. O apóstolo Paulo demonstrou conhecimento pleno das leis militares entre os gregos, onde os soldados não podiam concorrer a cargo eletivo.

Nos anos de 1960, o missionário Manuel de Mello percebeu a importância da vida de José do Egito como sendo o primeiro político da história dos hebreus, começando uma história pública de sucesso em terra estranha.

No início da década dos anos de 1970, a Igreja O Brasil para Cristo apresentou e elegeu alguns representantes tanto na Assembléia Legislativa de São Paulo, quanto na Câmara Legislativa Nacional. As Igrejas Batista e a Igreja Congregacional de São Paulo tiveram alguns representantes, como meus queridos confrades Dr. Edgar Martins, professor Fausto Rocha e o Reverendo Ivan Espíndola de Ávila.

Na Câmara Federal Brasileira o deputado constituinte professor Fausto Rocha foi o primeiro representante da Igreja de Cristo Jesus a proferir uma oração ao vivo do plenário para toda a nação transmitida pela Radiobrás, na Voz do Brasil. Ambos os nomes apresentados fazem parte da Academia Paulista Evangélica de Letras (APEL), todos foram exímios e respeitados representantes do povo de Deus.

Infelizmente é de conhecimento de todas as pessoas bem informadas que o sistema político brasileiro é eminentemente corrupto em seus próprios princípios fundamentais, penso que enquanto não for sancionada a lei do voto distrital, este câncer não será extirpado.

Em média, para se eleger um candidato para a Câmara Federal no Estado de São Paulo é necessário investir mais de cento e cinqüenta mil dólares em dinheiro e consumir mais cinco ou seis automóveis novos; do contrário tem que fazer conchavos politiqueiros, é nestes conchavos que é formada a parte da escória que compõe o legislativo e o executivo que governam nossa nação. Não obstante devemos nos eximir da responsabilidade de lutar até a morte para fazer a diferença entre trigo e joio. Cada vez mais eu me sinto responsável por alertar nosso povo para a importância de termos cada vez mais representantes coerentes nas casas das leis brasileiras, seja municipal, estadual ou federal.

Se fizermos um sério trabalho de conscientização, em apenas quatro anos mudaremos plenamente o quadro político do cenário brasileiro e multiplicaríamos no mínimo por três o número dos verdadeiros representantes do povo, tanto no executivo quanto no legislativo. Para evitar que os nossos candidatos participem dos conchavos políticos que acabam corrompendo os bons costumes, basta nos organizarmos. Para isso não seria necessário o envolvimento da liderança local para evitar que marés maiores venham.

Na primeira edição deste trabalho, no final do ano de 1998, tive a coragem de lançar como idéia as bases para a formação de uma comissão política parlamentar interdenominacional com o apoio da Convenção Geral das Assembléias de Deus (CGADB) e da Convenção Nacional das Assembléias de Deus de Madureira (Conamad). Sabemos que só estas duas grandes convenções bem coordenadas poderão colocar na Câmara Federal no mínimo cento e vinte deputados em todo o país, e no mínimo um mil e quinhentos prefeitos nos quatros cantos de nossa nação.

Isto fará com que a lei do voto distrital seja sancionada. O voto distrital fará com que o poder das organizações financeiras e industrial, que financia parte dos corruptos, deixe de existir, uma vez que os candidatos não precisarão de tanto dinheiro, já que os seus eleitores estarão fixos em seu domicílio eleitoral. Por outro lado, fará com que os candidatos se sintam na obrigação de prestar contas aos seus eleitores, porque todos saberão em quem votaram. A nova lei fará com que os corruptos desapareçam dando lugar aos verdadeiros representantes do povo como acontecia em séculos passados. A nova lei também suscitará uma nova visão política em nossa nação. Esta lei certamente fará com que os políticos inescrupulosos saiam definitivamente da vida pública, aí, quem sabe, em pouco tempo poderemos dizer bendita é a nossa nação cujo Deus é o Senhor.

Confesso que sonhei com essa possibilidade de chegarmos a este entendimento nacional, se os homens que representam as nossas grandes convenções eclesiásticas se despissem das vaidades, por certo em poucos anos teremos um José do Egito, um George Washington dos Estados Unidos presidindo nossa nação. Este fez um trabalho extraordinário, tanto quanto José no Egito.

A seguir descreverei algumas qualidades indispensáveis aos líderes políticos. Segundo as pegadas do grande estatólogo Marcel de La Bigne de Ville Neuve, podemos dizer que todo e qualquer homem público deve apresentar três qualidades essenciais:

- Competência.
- Moralidade.
- Espírito público.

Não se pode compreender um estadista sem conhecimento geral dos problemas ligados ao governo e à administração pública. Sem precisar ser um especialista, o homem público deve ter conhecimento geral dos problemas que afetam a todos, a fim de não cometer erros grosseiros. Confesso que há mais critérios para escolher um diácono para servir na Igreja, do que um candidato político para representar mais de trezentos mil habitantes, que é o caso de um deputado federal de São Paulo, cujas conseqüências recaem necessariamente sobre o representante executivo, cujo bem comum lhe cabe resguardar e promover uma melhoria na condição de vida.

No critério atual, basta ter dinheiro, ou se comprometer com um grande grupo financeiro para comprar uma legenda em qualquer partido e bancar os custos de uma campanha; ou ainda ter uma suposta liderança que possa garantir os votos necessários.Nas eleições majoritárias de 1998, um pequeno, porém sério, jornal evangélico do Distrito Federal fez um sério alerta dizendo que boa parte dos quase setenta candidatos evangélicos do Distrito Federal não sabe nada a respeito de política, muito menos sobre as funções que um deputado deve exercer.

No final dos anos de 1980, um certo candidato foi eleito na capital de São Paulo como prefeito nessas mesmas condições. Os eleitores revoltados com os gastos eleitoreiros deram votos de protesto, e acabamos pagando muito caro. Na eleição de 1998, fui convidado para ser candidato a deputado estadual de São Paulo, tinha a promessa de cento e cinqüenta mil reais, mas este dinheiro teria que voltar para os cofres de onde iriam sair, até aí tudo bem. O problema é que o caminho de volta nestes casos é bastante sinuoso.

Procurei o meu presidente acadêmico, um homem sério e bastante experiente em política, ele foi eleito em três mandatos consecutivos para a Assembléia Legislativa de São Paulo. Quando me mostrou os caminhos que eu deveria trilhar, acabei desistindo. Porque isto me desvirtuaria de tudo quanto tinha moralmente aprendido em família. Porém continuo dizendo que a política deve ser um sacerdócio, contudo ainda continua à procura de sacerdotes dignos e dispostos a se sacrificar pelo povo.

Mas não basta ser honesto. Um estadista que for honesto e tiver conhecimento intelectual para desenvolver a função, mas é desprovido de ESPÍRITO PÚBLICO, não poderá defender o bem comum a contento.

QUEM lida com dinheiro público e se torna guardião do patrimônio coletivo, deve ter honestidade, acima de tudo. Há pessoas que agem com honestidade o tempo todo e nem por isso são honestas. A lei de responsabilidade fiscal veio exatamente para fazer com que os governantes administrem dentro do orçamento estabelecido.

Mas, com isso, não se completa o estadista. Para tal, é preciso que, juntamente com competência e honestidade, apresente ele, como coroa de tais qualidades, o espírito público. É pelo espírito público que o estadista esquece os seus próprios interesses e opta pelos gerais e relevantes do povo que personifica. Sem espírito público não há política (com *P* maiúsculo), mas mera política (com *p* minúsculo), sinônimo de politicagem.

Essas são as qualidades, diríamos, substanciais de todo e qualquer líder verdadeiramente político. Mas, além dessas o líder político deve ter as qualidades gerais comuns a todo e qualquer líder, sobretudo as seguintes:

- **Capacidade de fazer amigos.**
- **Capacidade de influir na mentalidade de seus semelhantes.** Para tal, precisa ser essencialmente humano e tolerante. Na liderança democrática, sobretudo, não há lugar para o líder intolerante e meramente carismático. O líder democrático não deve recorrer ao carisma, mas ao raciocínio inteligível e à lógica. Foi o que fez o ex-presidente, José Sarney ao ser atacado e até mesmo desrespeitado pelo então candidato Fernando Collor de Mello, não usou o poder que o cargo presidencial lhe outorgava, dando o exemplo de um estadista até então nunca visto em nossa nação. O líder político, deve ter, como nenhum outro, a capacidade de persuadir, ou de convergir as suas idéias com os que não comungam com elas. Para isso, precisa conhecer e dominar muito bem os meios para fazê-lo de forma eficiente.
- **Capacidade de expressão.** (Relembremos aqui as qualidades do bom orador: ágil, fluente e comunicativo, rico não só sob o ponto de vista do sentimento, sobretudo, sob o ponto de vista do raciocínio inteligível e da lógica.)

- **Capacidade de agir, na prática, coerentemente, segundo as idéias que doutrinariamente defende.** Se o líder político não demonstrar patriotismo, está fadado ao fracasso. Como está fundamentado no adágio popular que afirma que "cada povo tem o governo que merece", não menos exato é aquele outro que diz "um erro não justifica outro". Se alguém foi eleito por erro de seus eleitores, como já citamos no caso da cidade de São Paulo, e não dispõe das condições mínimas para exercer as funções para as quais foi escolhido, há de supor, ao menos, que se tenha alguma qualidade, ou seja, inteligência para não desapontar os seus eleitores. De outro modo, não teria conseguido o seu objetivo.

Revestido das funções de seu cargo, deve ele ou ela meditar sobre a importância de seus atos. Num momento de reflexão, deverá considerar que, passando da restrita área privada para a ampla esfera pública, o que ele ou ela fizer terá repercussão profunda nos destinos da comunidade a qual pertence e representa, afetando, conseqüentemente, seus próprios familiares.

De nada lhe adiantará tirar proveitos imediatos ou inescrupulosos de sua função, enriquecendo as suas contas bancárias e agindo da mesma forma em favor dos seus familiares, se prericlita a segurança da nação, ou vingar-se dos voluntariosos eleitores que erroneamente o elegeram.

Há vários conceitos do que seja pátria. Entre eles, destacamos este: "Pátria é a nação em que vivemos como cidadão, e somente este deveria ter direitos civis e políticos num Estado legal." Esta definição não fala de obrigações, porque elas são correlatas aos direitos. Não existem direitos sem deveres cumpridos. De modo que, na pátria em que os homens não cumprem as suas obrigações, os direitos tendem a desaparecer naturalmente.

No final dos anos de 1970, estávamos saindo de uma longa e terrível ditadura para entrarmos em uma suposta democracia; pena que isto começou mais parecido com uma anarquia. O que é na verdade direito? Por acaso não é fruto do dever cumprido? Quem não sabe obedecer, não deve comandar.

Segundo a lei da física, não há causa sem efeito. Neste caso, direito é reação do dever cumprido, quando esse deixar de existir, já não se fala mais em "cidadão". Não existe cidadão sem direitos, assim como não existe direito sem dever, e nação sem cidadãos. Existirá, sim, um país governado por ditador, que impõe obrigações desconhecendo os direitos do povo. Nessas circunstâncias a liberdade de pensamento, de credo e de expressão desaparecem.

O político que alcança posição de destaque, escolhido, bem ou mal, de maneira proposital ou acidental, foi eleito para representar o seu povo e precisa atentar para a verdade anteriormente enunciada. É seu dever, para o seu próprio bem, de sua pátria e de sua família, que cumpra com as suas obrigações, não pensando apenas nas vantagens que o cargo lhe outorga. Esses fenecerão na proporção em que as suas obrigações forem esquecidas.

Para o eleitor pouco importa que alguns políticos sejam desonestos, incompetentes e ociosos. O importante é que eles se reduzam a uma minoria e sejam devidamente combatidos por aqueles que se prezam de cumprir com as suas obrigações. A figura da pátria, como rincão em que vivemos, trabalhamos e formamos nossa família e estabelecemos as nossas relações políticas e sociais, não deve depender apenas daqueles que são eleitos para defender as classes menos privilegiadas. Porém, nós, os eleitores, acabamos sendo os maiores culpados dos erros públicos de nossa pátria. Nas eleições majoritárias há um descaso quase que intolerável no tocante aos nossos tão importantes representantes legislativos, em especial aos deputados federais. A maioria absoluta dos eleitores brasileiros não sabe o que os legisladores federais podem fazer no Congresso Nacional em favor de seu povo, por isso, são marginalizados nas urnas. Os mais corruptos são lembrados pelas benesses prestadas antes e durante as campanhas políticas, enquanto os mais éticos são literalmente esquecidos.

Dificilmente a lembrança do nome de um político se refere ao seu bom trabalho prestado, muito menos aos projetos em benefício da sociedade, mas, sim, pelos favores prestados. Isto é simplesmente lamentável, porque estes representantes são, muitas vezes, mais importantes do que os executivos com quem tanto nos preocupamos em escolher. São eles os legisladores tanto municipal, quanto estadual ou federal que criam as leis que tanto podem nos ajudar, como podem nos prejudicar por toda nossa vida.

Temos um exemplo, no Brasil foi criada uma lei, denominada Lei do Silêncio Ambiental (Lei Ecológica), esta lei tinha o objetivo de cercear a liberdade de cultos religiosos. Se tivéssemos uma boa bancada representativa no Congresso Nacional, esta lei não teria passado, mas pela nossa incontinência essa lei passou e tem causado grande prejuízo aos evangélicos e quase nos custou a liberdade de culto. O ponto positivo é que isso nos despertou para a necessidade de nos organizar.

A segurança e liberdade da pátria estão na razão direta do maior número de cidadãos honestos e capazes, escolhidos para representá-la. E, sem pátria, sem direitos e sem cidadãos só restarão as obrigações impostas por ditadores, fruto natural da falta de civismo de um povo, ou da sua imaturidade política, que compete aos líderes políticos de base corrigir.

CAPÍTULO 5

MODELOS DE LÍDER POLÍTICO

Neste capítulo, apresento vários modelos de oradores políticos que lideraram nosso povo por décadas. Selecionamos alguns nomes do passado, e até mesmo alguns atuais oradores de respeito. Todavia, deixaremos de nos referir a muitos outros, embora fossem extraordinários estadistas, para não insistir em fatos de certo modo já relatados. Ocupar-nos-emos de outros, igualmente importantes, vendo-os somente como estadistas e não como oradores.

Alguns políticos durante suas campanhas de governo se parecem mais com humoristas do que com políticos. Este fato me faz lembrar de um papel apresentado na televisão por um dos maiores humoristas brasileiros, por volta dos anos de 1980, o personagem representava um candidato a deputado federal. Durante seus comícios ele estava sempre gripado, com isso sua garganta e narinas se inflamavam, deixando-o rouco e afônico, então ele se aproveitava da situação adversa para fazer promessas que sabia não poder cumprir. Do alto dos palanques ele então gritava: "Povo de minha terra! Se vocês me elegerem, eu prometo pão para todos". Com esta sinistra promessa o então suposto candidato se elegeu com uma enxovalhada de votos.

Eleito se mudou para o Planalto Central, durante muitos meses não se ouviu falar em seu nome, depois de algum tempo ele voltou a sua suposta cidade, os miseráveis eleitores invadiram sua casa cobrando-lhe a promessa de campanha, ele apenas disse: "Estão ficando loucos! Eu nunca prometi pão. Eu devo ter dito se eleito vos daria PAU para todos que viessem me importunar, como eu estava rouco e afônico não me entenderam". Temos que prestar bem atenção com o que ouvimos dos candidatos políticos durante as campanhas eleitorais, todavia nunca, por motivo algum, deveremos negligenciar o nosso voto.

Salomão

O lendário Rei Salomão, filho do Rei Davi, viveu cerca de 1.000 anos a. C., de todos os seus retratos escritos, o que é aceito sem discrepância é o que o descreve como um homem amante da paz, distribuidor de justiça e de clemência, possuidor de personalidade cativante e empreendedora, todavia extremamente austero. Está escrito que, tendo o Senhor lhe aparecido em sonhos, perguntou-lhe o que mais desejava. E a resposta foi uma mente compreensiva e cheia de sabedoria para comandar seu povo.

Foi, sobretudo, um grande estadista, porque reunia em sua pessoa todas as qualidades para governar bem. Diante dos casos mais intrigados e difíceis, via-se o Rei Salomão tranqüilo, sentado no trono de ouro, empunhando um cetro pacífico. Quando todos se preocupavam com a fuga dos edomitas e dos moabitas do seu território, ele sabiamente respondia aos que o interpelavam: "Seria insensato conservar sob o meu domínio povos estranhos e turbulentos contra suas vontades."

Sua política visava unir cada vez mais o seu próprio povo, abolindo, para esse fim, os antigos limites das doze tribos, para dividir Israel em doze distritos geográficos, pondo cada um deles sob um governo escolhido por ele próprio. Sua sabedoria revelava uma outra qualidade decisiva de um verdadeiro estadista: sabia reconhecer seus erros e corrigi-los. Um exemplo dessa sua qualidade é o fato histórico de que, quando se apercebeu do mau caminho que seguia e do perigo de adorar muitos deuses, mandou edificar um templo ao Único Deus do Universo. Na construção desse templo – o santuário da paz – evitou tanto quanto possível o emprego do ferro, que segundo os profetas é um metal guerreiro.

Açoca

Esse grande rei hindu, que viveu cerca de 250 a. C., é um típico exemplo do estadista clemente, este homem, com o seu exemplo de vida, mudou todo costume elementar de seu povo. Dispondo de um poder que se estendia do Golfo de Bengala ao mar de Oman, e de Ujain até o Himalaia, e tendo sob o seu comando poderoso exército de um milhão de homens, capaz de derrotar em poucas horas qualquer soberano que tivesse a imprudência de desagradar-lhe, compôs, cumpriu e fez cumprir um edito de sua autoria, gravado em pedra, contendo estes catorze princípios referentes aos deveres e direitos de seus súditos:

1. Toda vida é sagrada. De agora em diante não haverá mais matanças – nem de homens pela glória militar, nem de animais para o altar dos sacrifícios ou para a mesa real. A simplicidade, baseada na brandura, será de agora em diante uma regra geral, tanto nas casas nobres como nas humildes.
2. É dever dos cidadãos indianos e do Estado zelar pelo bem-estar de todos os seres vivos. Para pôr em prática este preceito, ordenou a abertura de poços e a plantação de árvores de sombra em todas as estradas do país, e o cultivo, por toda parte de ervas, raízes e flores medicinais, para alívio e cura de homens e bestas.
3. Todas as pessoas do país devem praticar a obediência a seus pais, isto é sem dúvida um mandamento santo, a liberalidade para com seus amigos, o respeito a seus mestres e a economia em seus negócios públicos e privados. Ensinou o povo a gastar pouco, economizar muito, a não pedir muito dinheiro emprestado se não tem garantia para o pagamento, e a nunca explorar ninguém.

4. Pregue a piedade, e pratique-a também. (E, para apresentar um bom exemplo aos súditos, o rei passava a explicar neste edito o modo como transformara sua avareza em caridade, seu ódio em compaixão e seus cortejos militares em peregrinações religiosas.) E, assim como eu fiz, exorto meus filhos, meus netos e meus bisnetos a fazerem o mesmo, de modo que todo o povo aprenda com as suas palavras e aproveite com os seus atos.

5. Seguir os caminhos difíceis que levam à boa ação, EM DETRIMENTO dos fáceis caminhos que conduzem à desgraça. (Para assentar esta teoria em bases práticas, o rei Açoca nomeou funcionários especiais que ensinassem os elementos da lei e, o que é mais importante, os princípios da justiça. Principalmente da justiça para com os pobres e os anciãos das aldeias, os humildes e os fracos.)

6. Sê diligente em tudo, especialmente no desejo de promover o bem-estar de teus semelhantes. (Aqui, novamente, deu o exemplo, declarando que nunca estaria demasiadamente ocupado para ouvir uma queixa ou reparar uma injustiça, quer se achasse à mesa, descansando no seu quarto, tomando ar no seu jardim, quer passeando na sua carruagem.) Quero, com minhas experiências, sugerir que ouvir um queixoso não quer dizer ouvir um delator, estes não devem ser ouvidos nem mesmo que estejamos no extremo da ociosidade.

7. Que a benevolência seja a regra para todos. Cultivar a generosidade não quer dizer distribuir o que é seu, se puder dar esmolas, dê, não buscando receber a gratidão, pois a verdadeira caridade não é dar, senão partilhar. Disse o apóstolo Paulo que ainda que distribuísse toda sua fortuna com os pobres, se não tivesse caridade seria como um sino que soa fazendo apenas barulho. Quando estamos na mesma freqüência espiritual o PROGRESSO de um é a prosperidade de todos.

8. Organizar missões não só para espalhar a religião, "como aconteceu nas cruzadas, mas para distribuir boas novas aos corações

necessitados". Leva ao teu irmão alimento para o seu corpo esfomeado, assim como nutrição para a sua alma faminta. (Lisa biblioteca de comunicação volume 3, p. 56). Este pode não ser o ensinamento principal de Cristo Jesus, mas uma certa vez Ele ensinou o velho pescador a pescar um peixe com UMA IMPORTÂNCIA EM dinheiro, para pagar o imposto do resgate de ambos, e em várias oportunidades alimentou o povo com peixe e Pães. (Marcos 8,6). Na maioria das vezes é melhor ensinar seu irmão pobre o caminho da prosperidade do que ficar sempre socorrendo em suas intermináveis necessidades.

9. (Neste item estabeleceu Açoca a ligação entre a etiqueta e a ética. Deu-lhe o nome do Edito da Verdadeira Civilidade e dedicou-o especialmente às mulheres do seu reino.) Deixar as frívolas ocupações dos vossos momentos de lazer, as vossas parolices, os vossos jogos e os vossos namoricos, ACRESCENTO AS INTERMINÁVEIS NOVELAS DE TELEVISÃO, aplicando o tempo em coisa útil e agradável, idealizando leis mais benignas para o estrangeiro e tratamento mais humano para os escravos.

10. Obedecer à lei quando for boa. Pedir ao rei que a modifique quando for má. Nisso deve consistir a verdadeira glória para o cidadão e para o Estado.

11. Respeitar de forma generalizada a todos os seres vivos.

12. Põe em prática o princípio da tolerância. Exalta a tua religião tratando com bondade e respeito os adeptos das outras. Ofenderás a tua religião, perseguindo aos que não confessam a sua fé.

13. O vertido das artérias dos inimigos me fez retroceder até o princípio da vida e sentir que não foi para esse fim que o Criador suscitou a vida. (Este item contém uma exposição completa das razões pelas quais Açoca resolveu redigi-lo e fazê-lo cumprir. Refere-se ele ao remorso de que ficou possuído após a anexação de Odór, diante do morticínio e das mutilações que da guerra resultaram. Desse momento em diante evitaria a guerra, proscreveria a violência e pagaria o mal com o bem, objetivando

apenas a segurança e a justiça, a paz de espírito, a bondade e alegria.)
14. O rei Açoca finaliza seu edito pedindo desculpa ao povo por insistir nas mesmas coisas, mas lembrando que esta é a forma mais eficaz de criar raízes: a prática da doce suavidade da clemência. (A repetição traz a convicção. Como disse Paulo aos filipenses: "Não me aborreço de vos escrever as mesmas coisas, por sentir que é segurança para vós.") (Filipenses 3,1).

Transcrevi os itens do edito do rei Açoca, porque produziu ele, como rei, e para serem seguidas em primeiro lugar por ele e simultaneamente por seus súditos, ele criou leis e não princípios religiosos, que sobretudo os mais poderosos líderes procuram desconhecer o que criam para os outros seguirem. Açoca, embora pudesse ser chamado o Moisés hindu, por ter inscrito o seu edito em granito, deu apenas um exemplo de como também é possível a um estadista governar o seu povo com exemplo de bem ser. A tônica do seu governo foi o bom exemplo. Seu povo obedecia com amor ao seu edito, porque o via, na prática, executado pelo seu soberano.

Constantino o Grande

Filho do governador Constâncio, que serviu sobre o império de Diocleciano, viveu Constantino o Grande, entre os anos de 272 e 337 a. C.. Figura imponente e alta, de olhar penetrante, disputou e ganhou o trono romano quando da morte de Diocleciano. Logo a seguir, transferiu a corte de Roma para Bizâncio, cidade situada no Bósforo, mudando o seu nome para Constantinopla (cidade de Constantino) e transformando-a, por instâncias de Lactâncio e de Eusébio, num centro de literatura, de filosofia e de arte.

Embora contasse em sua vida com os defeitos inerentes a quase todos os imperadores romanos, entre eles a crueldade para com seus adversários, buscou sempre os meios de fazer com que houvesse união no seio do povo romano. O meio mais adequado foi a adoção da religião cristã, que em todas as províncias do Império Romano era um símbolo de abstinência das coisas materiais, solidariedade e moralidade.

Ademais, pensava Constantino, com o seu tino político e administrativo, que nada melhor para um imperador do que proteger uma religião que mandava dar "a César o que é de César". Daí, ter Constantino afirmado que vira no céu, quando marchava contra Maxêncio, a imagem enorme de uma cruz de fogo e sob ela esta inscrição: *In hoc signo vinces* (com este sinal vencerás). E, com o sinal da cruz, formou exércitos de guerreiros arrogantes e violentos, que recebiam de Constantino, nos campos de batalha, exortações como esta: "Avante, soldados cristãos", imaginando que à frente de suas hostes marchava Cristo.

A verdade é que Constantino transformou o cristianismo "num cômodo supedâneo para colocar sob o seu trono", conseguiu a unificação dos romanos em torno dele e, de tanto se valer dessa religião, "acabou se convertendo, sinceramente", as aspas são minhas, pois tenho motivo para não acreditar na verdadeira conversão de Constantino, ao receber o batismo pela Igreja Cristã aos 64 anos de idade, pouco antes de morrer. A religião que ele protegera e que fora o sustentáculo do seu governo perdurará sempre, porque se baseia no amor ágape e na paz.

Carlos Magno

Entre os anos de 742 e 814, viveu Carlos Magno, filho de Pepino, o Breve, ditador virtual dos francos. Não nos importa a vida guerreira de Carlos Magno, que impunha à força a religião cristã aos povos subjugados, atemorizados diante daquele general cuja armadura de ferro cintilava sob os reflexos do sol, protegido por um elmo de ferro na cabeça, as mãos calçadas com guantes de ferro e montando um corcel também de ferro, na cor e no coração.

Interessa-nos, neste capítulo, o Carlos Magno estadista, administrador. O imperador Carlos Magno foi um grande apologista e amigo da educação e da cultura, embora não soubesse ler, nem escrever. Em razão dos seus contatos com os cultos sacerdotes, abriram-se na sua imaginação novos horizontes. Convidou pessoas cultas da Europa para fazerem palestras e conferências perante seus cortesãos, presenciando-as, também, com grande proveito. Tanto as crianças ricas como as pobres eram amparadas na busca de conhecimentos.

Introduziu na Escola do Palácio o curso regular do sistema educacional, compreendendo as sete artes liberais: ***Gramática, Retórica, Lógica, Aritmética, Geometria, Astronomia e Música***. Este grande guerreiro quebrou um antigo mito preconceituoso, que dizia que a cultura inibe a coragem e mortifica o instinto animalesco; algo indispensável para um futuro imperador e guerreiro.

Se na guerra, Carlos Magno era altivo e valente, medindo quase dois metros de altura e impressionante pela sua força, capaz de partir pela metade, com um só golpe de espada, dois cavaleiros e seus cavalos, foi implacável na administração do seu povo, os francos. Lutou sempre para melhorar as condições de vida destes, tanto física como intelectualmente, desvelando nos cuidados para que, através da cultura, pudessem sobrepor-se aos demais povos.

A Rainha Vitória

Viveu essa bem-amada rainha dos ingleses entre os anos de 1819 e 1901. Só depois da morte de seu marido, o príncipe Alberto, e orientada por Benjamim Disraeli, pôde a rainha Vitória ser conhecida na sua índole boa e humana pelos seus súditos, que antes a consideravam uma autocrata. De estatura baixa, triste, gorda, grisalha, com ar apatetado, sabendo-a viúva e mãe, com os mesmos desgostos que os de seus governadores, estes já não a viam tão orgulhosa como supunham.

À proporção que os anos passavam, a rainha Vitória mais humana se tornava a mais querida de seu povo. Quando, em 1897, percorreu as ruas de Londres, em comemoração ao seu jubileu, houve um verdadeiro delírio e a rainha, com os olhos cheios de lágrimas, exclamava: "Como são bons para mim! como são bons para mim!"

Seus últimos anos de governo trouxeram-lhe dissabores, pois que as ambições imperialistas da Inglaterra levaram-na à Guerra dos Bôeres. O sofrimento do seu povo a afligia, sobretudo porque, conhecendo a dor de ter perdido uma filha, sofria intensamente pelas mães da Inglaterra que perdiam seus filhos nos campos de batalha. Sua dedicação à causa pública fazia com que não se afastasse de sua mesa de trabalho. O exemplo de seu trabalho, de sua dedicação, fazia com que seus ministros a seguissem e o povo a admirasse.

A rainha Vitória foi um exemplo de estadista que reunia as qualidades de devoção à causa pública, amor a seus súditos e capacidade de trabalho. Sua longa entrevista com lorde Roberts, que voltava coberto de glórias da guerra dos Bôeres, foi o seu último ato público.

Simon Bolívar

Cognominado o Libertador, Simon Bolívar, estadista e general, nasceu em Caracas, Venezuela, em 24 de julho de 1783 e morreu em 17 de dezembro de 1830, aos 47 anos de idade.

A vida desse admirável homem é um exemplo de civismo, trabalho, coragem e abnegação que, à proporção que o tempo passa, mais se exalta. Era ele, antes de se tornar conhecido pelos seus feitos na América Latina, "um cavalheiro, de fidalga educação, fino, de boas letras e altíssima inteligência", para usar as expressões do ilustre crítico brasileiro José Veríssimo.

Contava com 27 anos de idade quando, para reviver um movimento revolucionário pela emancipação da Venezuela, que fora sufocada, foi à Inglaterra pedir auxílio ao governo inglês e comprar armas. Embora não fosse feliz no seu intento, voltou à sua pátria para livrá-la do jugo espanhol. Reconhecendo-se ainda muito jovem para por-se à frente de um exército revolucionário, confiou essa missão ao General Miranda, pondo-se sob suas ordens.

Ainda desta vez a causa da libertação não obteve êxito e Bolívar teve de fugir, juntando-se aos insurretos de Nova Granada para combater os espanhóis. À frente de um pequeno exército, teve as mais surpreendentes vitórias, revelando-se extraordinário estrategista. Sua entrada em Caracas, sua terra natal, após a expulsão dos colonizadores, foi sobre um carro puxado por doze donzelas das principais famílias e sob o delírio do povo, que o proclamou, então, o Libertador dos Andes.

Bolívar, pela atuação na América espanhola, nunca foi considerado apenas venezuelano. Ao se desmembrar o novo território da Bolívia, os congressistas daquele país escolheram por aclamação Bolívar para ser o seu primeiro presidente. Depois de libertar o Equador e o Peru do jugo espanhol, o Congresso peruano proclamou-o presidente e pôs à sua disposição todos os recursos do país. Era ele já presidente da Colômbia por imposição do povo dessa nova República, em favor da qual lutara.

Exemplo admirável de um homem que, pelas suas qualidades de guerreiro para lutar nos campos de batalha e de estadista para conquistar a confiança e a simpatia de seus semelhantes, após a vitória, pôde ser, ao mesmo tempo, presidente de quatro Repúblicas diferentes e admirado e exaltado em toda a América Latina.

A sua correspondência foi publicada em 1914 e sobre ela disse José Veríssimo: "É porém, nas suas cartas, na intimidade de seus pensamentos e sentimentos que ele, ao contrário do comum dos heróis, nos aparece mais admirável e o que é melhor, mais amável." (Lisa biblioteca de comunicação p. 61). Essas cartas são um excelente comentário perpétuo à colossal obra de Simon Bolívar.

Nelas estão implícitas os sentimentos ainda da sua grande alma emotiva: a vibração das sensações que a enchiam e que transbordavam em palavras que traduzem os seus atos numa riquíssima gama onde há de tudo, efusões de amizade, planos de guerra e cogitações de repúblicas.

Todos, porém, revêem o mesmo pensamento, a idéia fixa de Bolívar – a sua América livre e unificada pelo ideal da independência, porque somente ela pensa mais alto do que nas pequenas pátrias coloniais, na grande pátria americana, que no seu grande sonho sonhou livre, organizada, unida na progressão de um futuro magnífico. Para muitos isso seria apenas sonho, mas que morreu com ele aos 47 anos, quase abandonado, mas fiel aos seus ideais e ainda apregoando-os. Poucos homens, diz o historiador insigne Rodó, viveram, no torvelinho da ação, vida tão bela, nenhum morreu, na paz do seu leito, morte mais nobre.

José Bonifácio

José Bonifácio de Andrada e Silva, chamado o "Patriarca da Independência do Brasil", nasceu em Santos, então capitania de São Paulo, aos 13 de junho de 1763. Seu pai, militar procedente de nobre família de Portugal, constatando os pendores intelectuais do filho, que já havia estudado filosofia, retórica e francês em São Paulo, mandou-o, com a idade de 17 anos, a Portugal para completar seus estudos, e viajar, com o mesmo objetivo, por toda a Europa, especialmente, França e Alemanha.

Em 1807, incorporando-se a um batalhão de estudantes e professores, lutou pela expulsão dos franceses de Portugal, tendo sido, como prêmio, nomeado Intendente de Polícia do Porto. Voltou ao Brasil em 1819, dedicando-se aos seus prediletos estudos, especialmente de mineralogia. (Talvez o primeiro engenheiro de mina tipicamente brasileiro). Logo depois, deu-se a retirada da família real portuguesa do Brasil, José Bonifácio passou a participar, então, decisivamente da vida política em sua Pátria natal.

A princípio foi vice-presidente da Junta Paulista, que pleiteava a sua autonomia, a despeito de reconhecer a regência do Príncipe D. Pedro, e depois tornou-se elemento atuante em aconselhar a este que permanecesse no Brasil, contrariando a vontade da corte, que foi passo decisivo para a proclamação da independência. Proclamada a independência, José Bonifácio foi nomeado ministro do Império e dos Negócios Estrangeiros.

Embora, em momentos especiais da vida política brasileira, se pudesse retratar José Bonifácio como voluntarioso, pessoalíssimo, soberbo e altivo, a verdade é que foi um homem de raras qualidades cívicas, de profundo espírito patriótico, de probidade extrema e incansável na busca da consolidação política do Brasil. Além do mais, reunia um cabedal de conhecimentos que o distinguia diante de seus contemporâneos como o homem mais bem informado, mais culto e sábio do Brasil, isso durou enquanto viveu.

Na galeria dos líderes políticos de qualquer nação do mundo civilizado, José Bonifácio, pelas suas qualidades de estadista, figuraria nas mais altas prateleiras, projetando-se, na história, pela sua cultura, seu ideal e sua energia a serviço das causas que defendeu.

Padre Feijó

Diogo Antônio Feijó, estadista brasileiro, nascido em São Paulo no ano de 1784, viveu 59 anos. Sua vida está ligada à cidade de Itu, onde se fixou, estudando filosofia, lógica e moral, tendo antes estudado retórica em São Paulo. Sendo elemento destacado na facção que pleiteava a separação do Brasil de Portugal, teve a coragem suficiente de, em Lisboa, como deputado representante de São Paulo, propugnar abertamente pelos seus ideais, provocando a repulsa do povo português e sendo obrigado a fugir com os seus colegas em 1822.

Eleito deputado pela Província de São Paulo, foi em 1831 convidado a assistir a Pasta da Justiça, empenhando-se com entusiasmo em prol da defesa da ordem, da segurança e da tranqüilidade do Império. Foi Diogo Antônio Feijó um autêntico estadista. Sabia voltar atrás, quando reconhecia seu "erro", fato ocorrido em relação à proposição que fez em 1827 em favor da abolição do celibato clerical; tomava atitudes decisivas e delicadas, como ao dissolver corporações militares indisciplinadas; sufocava revoltas, como a da Ilha das Cobras em outubro de 1831 e a dos exaltados em 1832; abdicava quando este ato resultava em benefício da Pátria, como quando entrou em choque com o Senado em relação à suspensão de José Bonifácio.

Pertenceu, este grande estadista, à pleiade de políticos autênticos aos quais, a despeito de serem presos, desterrados e amargurados, restavam-lhes a consciência de que sempre agiram em favor da causa pública, tendo forças, por isso, para voltar, de viseira erguida, para o cenário político e exercer elevados postos.

Diogo Feijó foi um estadista assim, pois que do desterro voltou à presidência do Senado, depois de ter-se tornado vitorioso num processo de conspiração que contra si se formara na Casa do Congresso.

A vida desse estadista é um exemplo da qual se orgulha o Brasil, país "predestinado por Deus" a grandes feitos no concerto das demais nações, por isso, foi denominado por alguns admiradores como regente Feijó. Um de seus feitos, considerado um acontecimento histórico, foi a sede do governo português com a vinda da família real para cá, assegurando-lhe a existência posterior de um Império unido, e não desmembrado como ocorreu com as colônias espanholas da América, além dos estadistas que teve, dos quais apenas enumeramos dois, mas que foram vários e valiosos, quer na fase monárquica, quer na fase republicana.

George Washington

Nasceu em Virgínia, Estados Unidos da América do Norte, em 1732. Foi sem dúvida um dos maiores presentes de Deus para com sua nação. E morreu no mesmo estado em 1799. George Washington foi um dos fundadores da república americana e o primeiro e segundo presidente de seu país. Penso que ele foi sem dúvida o Moisés do século XVIII da era Cristã.

George Washngton era formado em agrimensura e foi "orientado" segundo seu pai a tratar apenas da administração das suas ricas propriedades agrícolas, passar a história e glorificar seu nome porque soube aproveitar a oportunidade que Deus lhe deu através de seu povo. Aos 29 anos de idade, coube a esse homem a incumbência de comandar um dos distritos militares de Virgínia sem nunca ter sido militar.

Destacando-se no cumprimento de todas as missões que lhe foram atribuídas, três anos depois, foi promovido a tenente-coronel, derrotando, surpreendentemente, as tropas francesas que haviam se estabelecido em Ohio. Outras vitórias alcançou sobre os franceses, passando, depois, a membro da Assembléia de Virgínia. Foi ele um dos mais veementes na resistência às pretensões da metrópole, no sentido de impor leis consideradas escorchantes e desmoralizantes pelos americanos.

E tão enérgicos foram os seus protestos que o Congresso da Filadélfia o nomeou general-chefe das tropas norte-americanas para expulsar de seu território o colonizador inglês e chegar ao reconhecimento da independência de sua pátria, face à paz de Versalhes. Nesta batalha o exército celestial que socorreu o profeta Elizeu ante o exército do rei Bene-hadade da Síria esteve ao lado do general Washington e de todos os soldados americanos.

Em 1783, terminada a sua missão de general, Washington passou a agir como extraordinário estadista. Recusou a coroa real que lhe quiseram dar e fez votar a Constituição Federal, que vigora até hoje. Eleito presidente da República em 1789 e em 1793, recusou sua segunda reeleição. A democracia, a humildade, a ética e a seriedade foram qualidades que acompanharam George Washington em todos os lances de sua vida. Faziam parte também da sua personalidade a modéstia e o desinteresse pessoal, a prudência e a orientação judiciosa, a elegância de atitudes, sobretudo quando recusou outro mandato presidencial, além da serenidade com que passou à vida privada, depois de ter dado à pátria todo o seu trabalho e dedicação.

Uma das características raras num estadista é saber passar com dignidade da vida pública à vida particular, continuando a viver como um cidadão qualquer, contribuindo, nesta qualidade, para o desenvolvimento de sua pátria, sem ressentimentos, e se constituindo num exemplo para os seus contemporâneos e gerações futuras. Washington deixou várias e inesquecíveis lições de competência política, deixando bem claro que a prova de um bom trabalho é fazer naturalmente seu sucessor sem que seja preciso o inescrupuloso uso do dinheiro público.

George Washington, o primeiro presidente dos Estados Unidos da América do Norte, morreu tranqüilamente em Mount Vernon, rodeado de seus familiares, tendo funerais modestos, mas todos os cidadãos renderam-lhe uma sentida homenagem, como os judeus fizeram com o imortal Moisés, enlutando-se durante um mês e dando o seu nome à capital federal da nação.

Thomas Jefferson (o José americano)

Thomas Jefferson, terceiro presidente da República norte-americana, nasceu em Shadwell, estado da Virgínia, em 1743, vindo a falecer na cidade de Monticello, no mesmo estado, em 1826, com 83 anos de idade. Esse estadista foi possuidor de notável cultura geral e filosófica, muito versado nas idéias do filósofo-político Locke nas teorias fisiocráticas, isso é sem dúvida oriundo de seu predecessor.

Criou, na prática, a sua própria escola e a seguiu até o fim de sua vida. Foi ele o autor da "Declaração da Independência Americana", incorporada à Constituição desse país e vigente até hoje, documento que se antecipou à Revolução Francesa, aos princípios liberais de Rousseau, Montesquieu e Voltaire, e cuja virtude principal foi a adaptação desse liberalismo às necessidades de ação no meio americano.

Jefferson, só por este fato, galgara posição definitiva na história de sua pátria. Conseguiu realizar o que muitos homens públicos não conseguem: a utilização da sua cultura para adaptá-la à realidade do seu povo, copiar servilmente princípios ideológicos, ou leis que regem outros povos para fazê-las vigentes em seu país.

Tão cônscio ele estava de que dera à sua pátria o documento de que ela precisava para, unida, marchar para a liderança democrática de outros povos, que pediu que pusessem sobre a campa em que iria repousar uma lápide em que o qualificassem como o autor da Declaração da Independência norte-americana. Era Jefferson o filho mais velho de um rico agricultor.

Formado em Direito, passou a fazer tenaz resistência à metrópole, ao lado de George Washington. Membro do Congresso, presidente da comissão que redigiu a ata da Independência, governador de Virgínia, ministro plenipotenciário em Paris em substituição a Franklin, secretário de estado de Washington e vice-presidente dos Estados Unidos, foi eleito duas vezes para a presidência, renunciando à terceira reeleição, assim como fez o seu antecessor. Esse virginiano ilustre, que lutava em favor da teoria dos direitos naturais, defendeu a imprensa várias vezes, sendo dele esta frase: "É preferível uma imprensa sem governo a um governo sem imprensa." (Lisa biblioteca de comunicação, p. 66).

Embora reconhecesse o direito de propriedade para o senhor agrário, como um direito natural, era um socialista a seu modo. Advertia que "a terra é um patrimônio coletivo e que glebas enormes não podem permanecer inexploradas em mãos de latifundiários ociosos" (Lisa biblioteca de comunicação, p. 66). Entendendo, ainda, que era necessário ampliar ao máximo possível a pequena propriedade, "a parte mais preciosa do Estado". (Lisa biblioteca de comunicação, p. 66).

Há quem diga que ele não se filiou a nenhum credo religioso, eu cá tenho minhas dúvidas que ele não tenha sido mais um como José de Arimatéia. Efundiu no espírito e na alma do povo americano o princípio de que "os governos são nossos serventes e não nossos donos". (Lisa biblioteca de comunicação, p. 67). "Foram eleitos para servir, e não para ser servidos." Não foi sem luta e energia que conseguiu fazer prevalecer os princípios liberais em que acreditava.

Quando secretário de estado de Washington, esteve em luta constante contra Hamilton, que defendia um Governo Federal mais forte, a fim de evitar um suposto desmembramento da nação. Jefferson era partidário da limitação dos poderes governativos, por entender que a federação americana devia respeitar a soberania dos estados componentes, "uma vez que os melhores estímulos de processo derivam do localismo e cada região faz bem melhor por si do que uma distante autoridade centralizadora" (Lisa biblioteca de comunicação p. 67).

Mas, ao mesmo tempo em que defendia a descentralização, prescrevia providências para evitar a decadência dos Estados-membros, proibindo-lhes desbaratar as finanças e o patrimônio coletivo e legar aos governos vindouros encargos pesados e quase insolúveis; isto que é patriotismo, sem a necessidade da lei de responsabilidade fiscal. Sua visão ideológica não ficou apenas no campo das idéias. Quando foi secretário de Estado de Washington, combateu a criação do Banco Nacional, concitando os Estados de Virgínia e de Kentucky a se rebelarem contra os abusos do poder federal.

Mais tarde teve suas idéias aprovadas pelo povo quando eleito Presidente dos Estados Unidos numa eleição dificílima com Aaron Burr, que obrigou ao desempate pela Câmara dos Representantes em trinta e seis turnos disputadíssimos, tomou posse do governo, quebrando o protocolo e dispensando todo o cerimonial. Seguiu a cavalo para o Congresso e, depois de empossado, pronunciou memorável discurso, tranqüilizando a todos sobre os seus elevados propósitos como presidente eleito.

Da sua plataforma de governo, destacam-se estes trechos: "Um bom governo deve impedir os cidadãos de prejudicarem uns aos outros, e, no mais, dar-lhes liberdade para regularem seus próprios assuntos. Somos todos republicanos, somos todos federalistas, devendo por isso, absoluta aquiescência às decisões da maioria." (Lisa biblioteca de comunicação p. 67).

Referindo-se às linhas gerais de sua política, afirmou: "Igual e exata justiça para todos os homens, de qualquer Estado ou confissão religiosa ou política; paz, comércio e honesta amizade com todas as nações, aliança comprometedora com nenhuma; economia nos gastos públicos, para gravar levemente o trabalho; pagamento honesto das dívidas e preservação sagrada da fé pública; amparo à agricultura e ao comércio como seu auxiliar; difusão das informações e julgamento de todos os abusos no tribunal da razão pública; liberdade de religião, liberdade de imprensa, liberdade de pessoa." (Lisa biblioteca de comunicação p. 68).

Se acontecer, em momentos de erro ou de alarme, afastarmo-nos desses princípios, cuidemos logo de regressar a eles e retomar o caminho que é o único a levar-nos à paz, à liberdade e à segurança. Todos esses princípios foram fielmente seguidos por esse grande estadista americano, autor de obra administrativa fecunda e honesta. Exatamente no dia em que sua pátria festejava o quinqüagésimo aniversário de sua independência, 4 de julho de 1826, morria o grande apóstolo da democracia. Na cidade de Monticello, no alto de uma colina, romântica e bela, ergue-se a mansão de Thomas Jefferson, venerada pelo povo americano, hoje museu e centro de turismo.

CAPÍTULO 6

CAPÍTULO

EFICIÊNCIA PESSOAL

Antes de entrar, especificamente, no estudo dos meios pelos quais o ser humano poderá aperfeiçoar-se e conseguir êxito na sua vida social e profissional, ocupemo-nos da formação do futuro homem eficiente, representado pela criança e pelo jovem. Acreditemos que os pais, além de desejarem se aprimorar para conseguir sucesso, estarão preocupados com o fato de que seus filhos, no futuro, sejam, também, bem-sucedidos.

Sendo esse o seu desejo, como é óbvio, é preciso que estejam alertas, para que não se acumulem defeitos em seus filhos, mas, ao contrário, sejam aprimoradas as suas qualidades, para melhor assimilarem as regras que os conduzirão ao sucesso. A primeira escola que prepara o ser humano para obter êxito na vida social e profissional é o lar. Porque, embora o indivíduo, ao nascer, traga consigo um potencial biológico e psicológico decorrente da hereditariedade, o desenvolvimento desse potencial e o seu uso correto dependem mais do ambiente onde ele se desenvolveu desde a sua tenra infância.

Não aceite a mediocridade

Ninguém pode dizer-lhe que critério deve adotar para medir seu próprio sucesso. Isso compete a você mesmo. Para um, o critério é a fortuna; para outro, a fama; para um terceiro é ser um bom chefe de família.

Os padrões variam muito e, de tal forma, que não podemos julgar alguém como fracassado ou bem-sucedido, medindo-o com nossos próprios valores. Talvez aquele que nos parece fracassado sinta-se feliz e realizado, enquanto o outro pode ser infeliz e frustrado apesar do aparente sucesso.

Medíocre não é aquele que os outros consideram como tal, mas aquele que a si mesmo assim se vê.

Eu conheci um homem que enfrentava duras lutas através de toda sua vida. A meu ver foi uma das melhores criaturas que existiu. Para alguns dos seus amigos ele era um homem realizado e feliz, todavia me confidenciou um sonho que era ter sua casa própria, apesar de ter se aposentado por tempo de trabalho em uma única empresa e ser um respeitado profissional. Nós o adotamos como sócio em uma pequena empresa de prestação de serviço na área de usinagem industrial e, em menos de um ano, ele se livrou da mediocridade e realizou seu antigo sonho.

A grande maioria das pessoas é dotada de qualidades suficientes para serem bem-sucedidas. Não são, pois, medíocres por natureza – tornam-se assim por hábito.

É difícil encontrar uma criança que não seja curiosa e animada diante da vida; sempre ansiosa por novas experiências, novos conhecimentos. Uma educação deficiente, contudo, vai matando essas qualidades, de tal forma que o indivíduo chega à idade adulta destituído daqueles dotes que o levariam a procurar um contínuo progresso. Tais qualidades, porém, não chegam a desaparecer completamente. Sempre fica sob as cinzas um pequeno pedaço de carvão que, devidamente tratado, pode voltar a inflamar-se dando a luz ao sucesso.

O homem é, no dizer de Aristóteles, um animal sociável. Ele terá que viver precariamente. Tanto em casa, como na escola, na sociedade, como no trabalho, precisa estar em companhia de seus semelhantes. E não se compreende que possa viver numa sociedade sem a observância das regras impostas pelo meio em que vive. Todas as normas existentes são restritivas de sua liberdade, nós precisamos disso para vivermos em grupo.

Umas são escritas, outras não. Estas últimas são as regras morais, denominadas convenções sociais. Sem a observância dessas normas, o indivíduo é tido como incivil, deselegante, antiético e inconveniente. Para que ele possa observar essas regras, é preciso que as aprenda no lar. Um pai que permite, na sua casa, para evitar complexos, que seus filhos façam o que bem desejam, sem uma repreenda, uma observação, estará contribuindo para que seu filho seja um indivíduo antipático na sociedade em que irá conviver.

Na sociedade existem convenções reguladoras que precisam ser observadas, e as pessoas que a ela pertencem precisam estar acostumadas a respeitá-las. E, onde se aprende, onde se começa a praticá-las e onde se acostuma a observá-las? O lar é a melhor faculdade para começar a praticar estas regras disciplinares.

Não só a formação moral se inicia e se desenvolve em casa, mas também a cultural. É no lar que se aprende a falar. Todos os erros da voz e da fala se adquirem em casa. Deixar uma criança falar aos gritos, ou pronunciar mal as palavras, ou falar depressa ou devagar demais, é prepará-la para a automatização de um erro que dificilmente ela poderá se livrar depois de adulta. A correção deve se iniciar na infância, através de ensinamentos e exemplos. Uma criança terá tanta facilidade em aprender a falar bem, como a falar mal. Antes de ela aprender usar as regras gramaticais, deverá praticá-las inconscientemente. Senão ocorrerá a singularidade de escrever corretamente, porque aprendeu na escola, e a falar errado, porque acostumou-se a cometer erros familiares na linguagem falada. Em conseqüência, levará para a fase adulta a preocupação de cometer erros gramaticais involuntariamente, obstando-lhe a livre comunicação no ambiente social ou profissional em que deverá atuar. Vemos muitos pais interessados em que seus filhos, quando crianças, aprendam um idioma estrangeiro por saberem que, nessa idade, é mais fácil esse aprendizado.

Mas não se preocupam se falam bem o idioma pátrio, ignorando que os erros que automatizam, dificilmente serão corrigidos depois. Ao invés de ter uma linguagem falada correta e espontânea, a pessoa terá que estar preocupada em pensar para falar direito, tendo o mesmo cansaço daqueles que falam um idioma estrangeiro: pensam para falar e acabam, assim mesmo, falando errado. O Criador outorga aos pais uma difícil responsabilidade ao nos entregar um filho. Por certo que, ao lhes confiar essa missão tão importante, não o faz sem responsabilizá-los pelos atos que cometerem, dizendo-lhes do significado desse cometimento.

Imaginemos que a advertência fosse feita nestes termos: "Recebeste uma responsabilidade muito séria e Eu pedirei contas do que irá fazer com o filho que lhe confiei. Terá prazer, mas terá trabalho e dissabores. Não confunda o amor que terá pelo seu filho com a permissão de lhe dar o que desejar e lhe pedir." (Temos um caso bastante sério registrado nas escrituras, um homem fora considerado extremamente justo diante de Deus enquanto seus filhos eram pequenos; uma vez criados ele passou a ser um pai que não repreendia seus filhos por nada, imaginando que seria melhor prestar sacrifícios pelos erros deles do que ensinar que eles deveriam errar o mínimo possível. O fim da história foi a perda de sete filhos homens e três filhas mulheres.) Se for preciso, seja enérgico mesmo que isto desagrade a você e ao seu filho. Sua vida de agora em diante deverá sofrer restrições. Terá que se privar de muitas regalias. Cuidar de um filho é dar-lhe educação, cultura e saúde que ele precisa que você lhe dê. Seu filho precisará saber que estudar é a mesma coisa que trabalhar e ninguém poderá viver sem o trabalho.

Explicar-lhe que assim como você vai para o trabalho diário, ele terá de ir à escola e deverá ter um horário para preparar em casa suas lições. Se for preciso, estuda com ele. Assim, não só estará mais tempo junto de seu filho, como ele compreenderá o seu esforço e você acabará aprendendo muita coisa que será útil. Tenha sempre em vista, para compreender as dificuldades de seu filho, que enquanto você faz sempre o mesmo trabalho, dentro de uma rotina que não exige muito esforço, o trabalho dele é árduo, porque está diariamente lidando com lições novas, somando conhecimentos que desconhecia e, além disso tudo, passando pelo tormento dos exames, que você já se libertou há muito tempo.

A responsabilidade para com o seu filho é muito séria, é muito maior do que você pode supor, porque o futuro dele, como o da sociedade e da pátria a que ele pertence, depende do que ele tiver aprendido com você. Quando tiver cumprido o seu dever, bem como todos os demais pais, de educar e preparar o filho para ser um cidadão útil e prestativo, o mundo e a humanidade estarão redimidos perante você se assim o fizer.

Infelizmente, há muitos pais que não ouvem essa advertência. Não aprendem a exercer sua missão. Pensam que devem, apenas, ser bons e tolerantes, fazendo tudo quanto os filhos desejam, temerosos de que estes se voltem contra eles. Voltar-se-ão, sim, mais tarde, quando verificarem que os outros jovens estão mais bem preparados para a vida, devido aos cuidados e exigências de seus pais. Voltar-se-ão, sim, mais tarde quando estiverem diante de uma situação que você, como pai e mãe, poderia tê-los feitos compreender que não era normal. Muitos filhos se encontram nas penitenciárias de segurança máxima porque nos dias de sua infância, adolescência e mocidade estiveram soltos demais, seus pais nunca impuseram-lhe limite algum.

Se o homem é um animal sociável, como dissemos, é preciso que, desde pequeno, ele se acostume a viver em sociedades reguladas por princípios básicos elementares. Vemos, no entanto, famílias formarem um círculo fechado para seus filhos, permitindo-lhes somente o intercâmbio com parentes mais próximos. Aqueles que dispõem de mais recursos chegam a instalar em sua casa atividades desportivas, construindo quadras de tênis, ou de outro esporte qualquer, e piscinas, para que a recreação se faça com segregação. Essa atitude é tão perniciosa quanto a anterior, pois além de privar os filhos de estarem em contato com outros grupos que se reúnem em clubes, desenvolve neles o espírito de superioridade, prejudicial a sua formação moral e social. Resultam daí todas as conseqüências deletérias da sociedade atual, em que cada um procura exibir maior riqueza e melhores condições sociais, manifestadas na necessidade artificial e perigosa de ter melhores roupas, melhores tênis, melhores sapatos, melhores jóias, melhores automóveis, melhores casas, sem se preocupar em ter melhores condições éticas, morais e intelectuais, que é o mais fundamental em uma sociedade.

A competição não se faz mais pela valia interior do ser humano, mas pela exterioridade, e se estas não puderem mais ser apresentadas, ou por contingências econômicas particulares, ou por restrições estatais, resultará um resíduo social ponderável, composto de seres humanos inúteis, por culpa de sua própria formação familiar e cultural.

Suposição da correção do intelecto

Um país será subdesenvolvido, ou desenvolvido, dependendo do povo que possui. Não se confunda um homem subdesenvolvido com subnutrido. Há pessoas muito bem nutridas e ricas, mas subdesenvolvidas intelectualmente, isto é equiparável a uma criança que não sabe se portar na sociedade em que vive. Onde se prepondera esse tipo de indivíduos, é porque as estruturas cultural, social, econômica e política do país são falhas.

Assim como se vê sujeira nas ruas, na atitude das pessoas, vê-se, também, o mesmo índice de subdesenvolvimento no trato das coisas públicas, confiadas a administradores mal selecionados, na maioria absoluta por causa da malformação de um povo; isto é tudo que os nossos "governantes" querem, povos manobrados por promessas vãs, e vendendo seus direitos cívicos por pequenos favores ou até pequenos valores monetários. Ao invés de cidadãos, do que se dispõem é de crianças maleducadas e futuros indivíduos alienados, embora, cronologicamente, de idade adulta.

Corrigir o intelecto de uma pessoa adulta é quase impossível, o custo é dezenas de vezes mais caro. Há alguns dias uma pessoa muito querida me telefonou querendo saber a respeito de minha opinião sobre uma atitude tomada pelo seu filho. Ela me contou que seu filho estava se desligando da empresa em que trabalhara durante quase dois anos, estava indo para outra empresa. O dirigente da empresa onde seu patrão prestava serviço gostava demais de seu trabalho e lhe perguntou se seu patrão não fizera nada para evitar que ele fosse embora, ele simplesmente disse que não. Então o empresário lhe perguntou quanto ele ganhava. Ele contou quanto e o homem então lhe disse: "Eu cubro a oferta e pago o que você quiser, diga-me quanto quer para vir trabalhar comigo?" O filho da minha querida amiga respondeu-lhe: "Sinto muito, mas não posso, eu conheci o senhor através de meu patrão, sua empresa é a melhor cliente dele, eu não posso fazer isso com ele." "Menino deixe de ser bobo, eu estou lhe perguntando, faça seu salário nós queremos você trabalhando conosco."

Eu simplesmente respondi para minha querida amiga: "Não pense que este empresário vai desistir de contratar seu filho, profissional com esta ética na atual conjectura é raro. O homem deve ter visto em seu filho um futuro executivo, seria isso que eu veria em uma atitude tão brilhante nos atuais dias em que vivemos, porém, querida, o que seu filho fez foi lindo e não é produto do acaso, é fruto da semente que você plantou no intelecto dos seus filhos. Salário é muito importante, mas não é tudo na vida de um profissional, a ética e a moral devem estar acima de qualquer coisa."

Fim da correção

Para que o ser humano seja eficiente na sociedade e na empresa, para que se faça respeitar e possa progredir, colaborando para o desenvolvimento de sua pátria, é preciso que ele aprimore as suas qualidades morais e intelectuais em casa, desde a infância. Não poderíamos concluir este capítulo em que enfatizamos a importância de se preparar o ser humano desde a sua infância, sem transcrever as considerações preciosas do educador J. M. Buck, abordando o mesmo tema da educação da criança:

"Se nós analisarmos as causas profundas da prepotência em geral e de sua forma burguesa em particular, acharemos, ao mesmo tempo, muito egoísmo e muito orgulho. E não falamos somente de um orgulho ou de um egoísmo pessoal, mas propriamente, de casta. Mesmo com o risco de desagradar ao leitor apaixonado por sua burguesia, desejaríamos dizer aqui, lealmente, quanto é absurda e perigosa para o futuro da criança a educação que recebe, sobretudo em certas famílias, em que tudo está organizado, sem mesmo que disso se apercebam, para dar ao filho uma opinião muito alta e muito falsa do que ele é e do que pode fazer com o poder do dinheiro da família."

Posto diante da dura realidade e, coisa mais grave, de seus deveres essenciais de homem e de cristão, a criança e, mais tarde, o adolescente, o jovem e o ser adulto, muito cedo perceberão que não são grandes coisas e que, pouco mais ou menos, nada podem fazer, entendendo nada de socialmente útil. A razão é muito simples. O orgulho, inconsciente na maioria das vezes, da criança burguesa, provém do fato de que quase nunca teve outro horizonte além do horizonte familiar. Não chegaremos a dizer que a adularam voluntariamente, ainda que às vezes assim tenha acontecido.

Mas pensamos que, tendo muito poucos pontos de contatos com outros "mundos" além do seu, o pequeno círculo de qual não sai, ou só o faz raramente, lhe aparece como todo o universo conhecido. E esse mundo tão restrito, que com exagero o louvam, como submetem a criança a ele, como se forçam para afeiçoá-la a ele! Nesta casta, artificialmente limitada, há coisas que se fazem e outras não. Em meados do século XIX os germânicos pensavam que poderiam se tornar o povo mais importante e a raça mais pura da terra, tendo como paradigma apenas os austríacos que são extensão do mesmo povo. A idéia foi incutida na mente das crianças arianas, essa idéia prepotente fez com que esse povo se tornasse, em princípio, um povo antipatizado por todos os demais vizinhos europeus, isso fez com que no início do século XX o imperador Guilherme Kaiser se sentisse hostilizado por todos. A prepotência se transformou em preconceito de superioridade que os levou à Primeira Guerra Mundial em que morreu milhões de pessoas entre 1914/1918 e por fim tiveram que amargar a vitória do Reino Unido. O então tirano e ditador Adolfo Hitler, além de continuar a falsa idéia, introduziu de forma generalizada no ensino fundamental, o mesmo erro, levando em 1939 o mundo à Segunda Guerra Mundial, na qual morreu mais de 50 milhões de pessoas.

Hoje podemos advertir o mundo para o iminente perigo da terceira e provável última guerra mundial. Se isso acontecesse hoje morreria em apenas 1305 dias mais de 4 bilhões de pessoas. O amável país de George Washington e Thomas Jefferson já não é nem sobra do que foi no passado, os Estados Unidos estão desvirtuados, hoje, pela prepotência de seu povo; é sem sombra de dúvida o país mais odiado do mundo não apenas pelos muçulmanos, mas por todos os povos subjugados por eles. Se não se converterem de seus maus caminhos em poucos anos levarão o mundo a quase extinção da humanidade.

Há lugares que se freqüentam, e outros em que por coisa alguma no mundo se poriam os pés. Acrescentemos a isso as roupas, o conforto que é um sinal de riqueza, o estudo, a escolha do estabelecimento em que a criança o fará, os companheiros, as distrações, a prática de certos esportes em clubes muito fechados, e mil detalhes, mínimos em si, mas pejados de conseqüências: a caneta-tinteiro da melhor marca, o relógio mais caro, o automóvel, o equipamento de futebol ou de tênis de grande luxo, o excesso de dinheiro para pequenas despesas, os tênis mais caros etc.

Como querem que pouco a pouco a criança não se julgue superior a seus companheiros, pois que, todas as vezes que se compara com eles, é uma vantagem dela? Sua suficiência é quase congênita. Ela a respira com o ar da família e da escola que freqüenta. Demasiadamente bem vestida, demasiada nutrida, demasiada protegida contra a necessidade e o risco, o que se pode esperar dela senão um orgulho desmesurado e um egoísmo que mata até a própria idéia do devotamento?

Posta na presença de rapazinhos que tiveram de trabalhar penosamente para viver, que estão habituados a bater, prontos para a injúria, decididos a dobrar esse orgulho e a forçar esse egoísmo, ninguém se espantará de que ela apresente o reflexo de todos os fracos, que se põe na defensiva e deixa que ajam em lugar de agir ela mesma. Felizmente, há menos gritos de horror freqüentes hoje do que ontem. Por isso, se aconselha aos pais que ponham este prepotente fora de seu meio, que o façam comandar, como escoteiro, por exemplo, uma patrulha de garotos indisciplinados e que não são do seu mundo, que o obriguem a afirmar-se em pátios de recreio populares, em acampamentos de férias, em colônias para crianças pobres e em estalagens de estrada; a adotar enfim uma dessas múltiplas atividades, admiravelmente feitas para desenvolver nos jovens burgueses, de maneira concreta e imediata, o sentido social por uma experiência social.

Entretanto, vi os jovens que foram capazes desse esforço de adaptação e de reajustamento voltarem esgotados de fadiga, talvez, exaustos, cansadíssimos, porém mais humanos, mais fortes, mais francos, mais seguros de si mesmos, desembaraçados sobretudo do espírito estritamente orgulhoso com que tinha vivido até então, sem sabê-lo, e tendo, principalmente, renunciado definitivamente ao absurdo conformismo que inibia seus melhores impulsos e os prendia à sua timidez. Porque aí está o verdadeiro remédio. Talvez seja o único eficaz. Envia, pois esses jovens demasiado prepotentes, juntamente com garotos que não têm sua educação, saco nas costas, pelas estradas, durante dois meses, e com vinte reais no bolso! Que aprendam a desembaraçar-se. Que conheçam à sua custa o preço do pão e da carne, das roupas e dos calçados.

Que assumam responsabilidades concretas e que estas ponham em jogo sua própria subsistência. Que durmam sob uma tenda, numa granja, e mesmo sobre os taludes. Que façam trinta quilômetros a pé a fim de poupar o preço da passagem de metrô, trem, ônibus etc., que passem fome, sede, e que aprendam a partilhar o que têm e o que não têm. Se são os melhores, que aprendam também a comandar. Se não são tão bons, que saibam obedecer. Será realmente pedir demais? Crêem que o passeio dominical no carro do pai tem uma virtude educativa superior? Julgam que uma digressão de dois meses, numa praia da moda, onde as pessoas se entediam de morte num hotel de luxo, tenha mais probabilidade de atingir estas pequenas almas fracas e gementes e que nem sequer sabem mais se divertir?

Deixem, pois, esses jovens com seu instinto! Ensine-os a viver mais duramente, em grupo, com este mínimo de vigilância e de controle que evita os acidentes! Force-os a utilizar uma liberdade quase total para melhor educar neles o sentido da liberdade e de seu bom emprego.

Todos os belgas lembram-se ainda do lamentável êxodo que foi, para a maior parte deles, a principal provação da guerra. Essa provação teve ao menos a vantagem de revelar a alguns o verdadeiro sentido da vida. Entre aqueles que ela mais formou, é preciso notar um bom número de jovens, de adolescentes mesmo, burgueses de nascimento, de educação e de gostos, mas que, embarcados em carros destinados a animais, com outros rapazes da mesma idade, sem distinção de classe, de casta e de clã, tiveram a revelação súbita de tudo quanto havia de artificial nas barreiras sociais. Nada tinham em comum, nem os princípios morais, nem a religião, nem a formação cultural ou intelectual.

Conta o saudoso professor de direito Ademir Ramos. Eles partilharam o pedaço de pão que lhes estendiam na passagem e o caneco de água morna recolhida da torneira de uma pequena estação de campo. Para muitos, certamente para a maior parte, eles disseram, tornaram a dizer e repetiram esta mistura, esta promiscuidade, esta vida comunitária, fora uma dura escola benfazeja que fez fundir ao mesmo tempo seu orgulho e seu egoísmo.

Apenas desembarcados em alguma parte na França, distribuíram-nos em campos. Ali sofreram é evidente, e mais do que convinha. Mas também é importante lembrar da experiência sempre uma das melhores, que é o comprovante de crescimento moral, o cultural. Dessa massa amorfa alguns possuíam a envergadura dos verdadeiros líderes, logo se destacou uma elite. Penso, por exemplo, naquele mocinho de 17 anos que, alguns dias atrás, em minha sala de aula, devaneava enquanto escrevia poemas elegantes e que foi, num daqueles campos, o braço direito de um oficial ignorante e alcoólatra. Em última análise, foi aquele menino que comandou. E Deus sabe se ele era, na época em que o conheci, um jovem burguês prepotente ou tímido, inibido ou egoísta. A ação, revelando-o a si mesmo, livrara-o também de si, de seus sonhos, de suas fobias. Tal outro, que também foi meu aluno, voltando à sua terra e desgostoso com a inércia que aí verificava, retomava por sua conta a frase dos antigos da outra guerra: era o bom tempo! E quantos pais que entretanto haviam preparado mal os filhos para tal provação, ao verem que os filhos regressavam mais enérgicos, mais confiantes, mais empreendedores, confidenciaram-nos: "Aquilo transformou-os. Mas por que recaem eles em sua apatia e em sua timidez?"

Porque eles reencontraram em seu mundo precisamente o que os tornava apáticos e tímidos! Esses rapazes não eram menos desembaraçados, nem mais tolos, nem mais fracos, nem mais incapazes que outros. Apenas, foram criados em ninhos delicados demais, demasiado obrigado, não lhes proporcionara ocasião alguma de afirmar-se. Nele tinham deixado que se atrofiasse o sentido da liberdade e da responsabilidade e que se hipertrofiassem seu egoísmo e seu orgulho.

As circunstâncias trágicas em que tinham sido lançados os obrigaram a desempenhar um esforço que, ainda na véspera, duvidaram que lhes fosse possível. A seleção operou-se por si mesma, isso é perfeitamente evidente. É próprio da vida julgar-se acerca de nosso verdadeiro valor e não sobre privilégios imaginários e artificiais. Tornarei a contar a história daquele rapaz de 16 anos.

Ele era do tipo tímido, inseguro, e, até certo ponto, cético. O que o tinha tornado assim era uma educação familiar demasiado branda e demasiado luxuosa. Partiu como os outros, aterrorizado por ter sido lançado em semelhante confusão, entregue repentinamente a seus recursos pessoais que eram bastante diminutos. Quinze dias antes, aquele pobre tipo me havia mostrado suas últimas aquarelas! Fez como os outros. Deixou-se carregar num vagão de carga, aturdido de calor, de sede e de fadiga.

Mas resistiu às piores solicitações, seu chefe imediato nos contou. Depois melhorou o moral dos colegas desencorajados, despendeu até seu último centímetro para melhorar o cardápio de dois tuberculosos que tomara a seus cuidados e junto dos quais dormia. Chegando o momento do regresso, ele organizou, sem pensar em si mesmo, a partida dos outros.

Sua própria pessoa foi esquecida. Sem dinheiro e sem víveres, mendigou um lugar num carro. O egoísta que o pilotava, em lugar de arrumar suas bagagens que atravancavam os assentos, ofereceu-lhe regiamente um lugar de pé sobre o pára-choque traseiro! Assim viajou ele mil e cem quilômetros em nove dias. Todos os dias desmontava a chapa de licença e dormia em cima, tanto receava que o egoísta motorista o deixassem no caminho.

Regressando à sua terra, veio ver-me. Tinha crescido moralmente e emagrecido fisicamente. Estava queimado do sol e marcado pelos insetos. Mas que bela força emanava presentemente desse rapaz que eu conhecera paralisado pela timidez! Ele me contou sua odisséia. Mas chegando de regresso, confidenciou-me rindo: "Aquela peste de chapa incomodou-me mais que qualquer outra coisa! Cortava-me os rins quando eu dormitava em cima!" E como eu ria com ele de um vocabulário tão rude, respondeu-me: "Não se escandalize, sei ainda manter-me no mundo." E aqui está a continuação da história. Este rapaz a quem a provação da experiência da vida tinha amadurecido e delegado-lhe firmeza, reencontrou seu mundo, e seu mundo o reencontrou.

Em seis meses, retomou ao mesmo tempo seu vocabulário escolhido a toda a sua inércia de caráter, todas as manifestações de timidez de jovem burguês, todo seu orgulho, todo seu egoísmo. Soube recentemente que ele brilhava como executivo na função que estava desempenhando.

O que retirar dessas histórias a não ser uma lição de otimismo? Há quem diga que a ocasião faz o ladrão. Ora, no gênero, há, que eu saiba, duas espécies: o bom e o mau. Ninguém sabe à qual das duas espécies pertencerá determinado indivíduo, enquanto não tiver experimentado a prova e o veredicto da vida. É ela que nos separa. É seu julgamento que devemos temer, no momento que ousamos submeter-nos a ele.

Sou defensor de uma tese: quem é quem? O sábio ou o telo, o gênio ou o louco, o inteligente ou o semidébil, o bom ou o mau etc... Tudo pode ser relativo ao ponto de vista ou ao ângulo em que as pessoas ou os objetos estão sendo observados. O bem e o mal, assim, como as demais proposições acima, são extremos opostos de uma circunferência. Penso que se o observador estiver colocado na ponta interna do compasso, terá dificuldade de afirmar o que é certo ou errado, assim como uma criança nascida e criada em meio à delinqüência não hesitará de que lado deve ficar, quando pressionado a tomar uma decisão.

A vida em vaso fechado nada significa, nem pró, nem contra. Aquele que parecia um fracalhão pronto para todos os acordos, foi, em dada ocasião, senão um herói, pelo menos um desses jovens com quem podemos contar e que afronta o obstáculo sem temor. A pequena estrutura oscilante e frágil que nós lhe atribuímos era na realidade uma armadura rígida, mas oculta a todos os olhares. Aquele outro, que parecia um rapaz enérgico, audacioso, cheio de iniciativas, diante do mesmo obstáculo, não deu prova senão de moleza e de apatia.

Todos esses jovens burgueses tímidos ou prepotentes estarão condenados a assim permanecer? Nós o cremos, não sem tristeza, aliás. Uma só esperança resta, e esta não se deveria negligenciar. Eis por que conjuramos os pais a que pensem seriamente nisso, quando mobilizarem as forças que não pedem mais do que afirmar-se! É preciso mesmo forçar essas crianças a usarem princípios construtivos, custe o que custar, vale a pena ousar! É preciso, seja de boa seja de má vontade, confrontar sua timidez, seu orgulho, seu egoísmo, com a vida real, com o obstáculo duro e cruel, com aquele que urge vencer sob pena de ser implacavelmente eliminado. Qualquer que seja o novo mundo que nos espera, certamente não será mais regido pelo código de facilidade e de moleza que, ontem ainda, era o nosso.

A pedagogia burguesa viveu muito tempo de princípios superados. A família é necessária à criança. Ela é seu meio natural. Mas é preciso que forme e eduque. E nós nos perguntamos se, muitas vezes, não é a burguesia um mundo fechado onde não podem medrar as grandes virtudes requeridas pela ação. É preciso, pois, adaptar o espírito familiar às novas condições de vida. Eis por que:

1. Tudo que alimenta o egocentrismo congênito do jovem burguês ou apenas com espírito burguês deve ser desnorteado energicamente. Fale à criança a respeito do seu passado. Mostre-lhe, pois é bom e necessário que eles conheçam seja qual for a sua ascendência. Não há nisso inconveniente algum, contanto porém que esse passado e essa ascendência não sejam imaginários.

Apresenta-lhe sob aspectos convincente e emocionante uma carreira ou uma posição profissional. Isso pode ser salutar, mas sempre sob condições expressas de que esta carreira, esta posição, seja apresentada sob a forma de serviço. Sublinhar sempre que aquele que mais recebeu mais deve dar também. O passado inteiro e todo o presente devem ser orientados para o futuro, que não pode ser concedido senão como uma doação total do indivíduo, permanente.

Antes de dizer aos filhos, seria necessário que os pais burgueses o compreendessem também. E todas as vezes que a criança ou o adolescente burguês se prevalecer, mesmo inconscientemente, de seus privilégios sociais para fins unicamente pessoais e egoístas, deverá ser repreendido e se necessário punido implacavelmente.

2. Devemos acolher com entusiasmo tudo que contradisser o orgulho de casta. Este orgulho só pode ser vencido mediante o contato direto e vivo com outros meios. Se aconselharmos aos pais burgueses que enviem seus filhos para acampamentos de férias, colônias escolares, patronatos, tropas escoteiras populares, albergues de juventude, que não retruquem com altos gritos. Isso poderá ser a salvação para seus filhos! É a experiência concreta das necessidades alheias que nos ilumina ao mesmo tempo sobre os outros e sobre nós mesmos.

   Sem dúvida é sempre aconselhável certa vigilância. Mas seria de desejar que o jovem burguês, tão finamente educado, fosse além disso, educado de tal maneira que os princípios que tão cuidadosamente lhe foram ministrados não se deixassem corromper por alguns maus exemplos. Estes estágios, que seriam outros tantos testes capazes de provar seu valor autêntico, deveriam ser obrigatórios. Não vemos outro meio, nem nada mais eficaz para abrir uma brecha num orgulho tão enraizado.

3. Tudo que combate a timidez, conseqüência natural do orgulho e do egoísmo de casta, deveria ser adotado sem hesitação. Não tenhamos medo de forçar a criança a enfrentar obstáculos reais, desde que sejam proporcionados às suas forças e sempre de ordem social. Deixemos-lhe a iniciativa, prontos para controlá-la. Não temamos demasiado rapidamente que suas forças a atraiçoem. A extensão de seus recursos não virá à tona enquanto ela não os tiver posto em prova.

Que aprenda a assumir responsabilidades a ela adequadas, seja em grupos, seja mesmo só. Que saiba comandar e obedecer. Que tenha orgulho do trabalho executado em comum. Que aprenda a aceitar a lei do melhor. Que não recue jamais diante do esforço, seja individual, seja coletivo. Que tome sua verdadeira medida, tomando consciência de seu verdadeiro valor, não unicamente de ordem cerebral, como é o caso de seus sucessos escolares, mas, sobretudo de ordem ética e moral.

Como é, realmente, palpitante, atual e de grande importância o tema relativo à educação da criança e à orientação do adolescente, visando ao seu aprimoramento e à sua preparação como o homem de amanhã, reservamos um capítulo especial no final deste livro, onde apresentaremos uma Leitura Recomendada que, no nosso entender, realmente ajuda os pais nessa missão de guiar seus filhos, para serem futuros líderes idôneos.

CAPÍTULO 7

OS DEZ MANDAMENTOS DO LÍDER IDÔNEO

Neste capítulo nos ocuparemos do estudo das regras que ajudam a pessoa a melhorar suas condições profissionais. Como compusemos os dez mandamentos do orador e do líder assim, apresentaremos, também, os dez mandamentos do homem e mulher eficiente:

1. Considere o seu trabalho uma excelente oportunidade não importa o que esteja fazendo, faça como sendo a melhor coisa que você pode fazer.
2. Considere-se para o seu trabalho a pessoa mais adequada, capaz e competente possível, nunca diga não sei fazer isto ou aquilo; se necessário diga apenas nunca fiz. Porém não sou o único a a fazer uma coisa pela primeira vez; se isto já foi feito, garanto que não foi por alguém superior, ou inferior a mim.
3. Sinta-se vocacionado para o trabalho que executa. Ainda que não seja esta a sua predileta vocação tenha como se fosse, pois foi isto que chegou a sua mão, faça como se fosse a única oportunidade de sua vida.

4. Goste do seu trabalho. Seja qual for, isto lhe dará motivos para que as horas passe sem que você perceba; o dia será muito mais alegre e saudável. Quando fazemos o que gostamos de fazer, o tempo passa quase que na velocidade da luz.
5. Deposite fé naquilo que estiver fazendo, ainda que os outros achem que você é inabilitado para o trabalho que está executando, não permita que estas palavras derrotistas cheguem aos ouvidos do homem interior.
6. Faça um plano para o futuro e o prepare desde já, e esteja certo de uma coisa: que as suas pernas são capazes de levá-lo até aonde quer que os seus olhos possam enxergar.
7. Siga pertinazmente o caminho escolhido, desde que haja uma meta traçada com pontos de apoio para esta escalada. Não desista nunca dos seus objetivos, esse é o segredo do seu sucesso.
8. Evite o desperdício de energia, tempo, pensamento, dinheiro e vitalidade.
9. Na execução do plano que preparou com cuidado e está seguindo pertinazmente, não se preocupe com as críticas e comentários de outras pessoas; isto só poderá valorizar o seu projeto.
10. Seja otimista em todas as circunstâncias, ainda que os outros digam que você não tem chance, não dê vazão às forças negativas não as deixe invadir a sua alma, creia que tu és um predestinado a vencer. Pensando positivo serás sempre vencedor.

Os cinco primeiros itens desenvolvem a atitude que cada pessoa deve tomar, positivamente, diante do seu trabalho profissional, considerando-o uma excelente oportunidade, convencendo-se de que é a pessoa mais adequada, capaz e competente para executá-lo, sentindo-se vocacionado para executar o trabalho e, finalmente, depositando fé naquilo que estiver fazendo e fazer da melhor forma possível.

Assim sendo, antes de desenvolver, separadamente, cada um desses cinco itens, estudaremos a importância da auto-sugestão em relação a eles. Posteriormente, iremos nos ocupar com os cinco itens restantes itens dos mandamentos, referentes a conselhos com relação ao modo de executar o trabalho.

Explicam os mais modernos psicólogos que, diariamente, a gente pode se envenenar com muitas idéias negativas, na maioria dos casos oriundas de terceiros. Estas sendo as recebidas pelo interlocutor são imediatamente transmitidas ao subconsciente, que se incube depois de admiti-las, ainda que sejam pseudas, para depois serem arquivadas como certas e verdadeiras. Por exemplo, quando no seu trabalho, surge a idéia de que está perdendo o seu tempo, ou de que não é adequado para o seu exercício. Essa idéia é imediatamente transmitida ao seu subconsciente e começa a sedimentar-se, transformando-se em "verdade". O interesse pela profissão começa a enfraquecer-se e, em pouco tempo, vem o desânimo, deixando-se dominar por essa sugestão negativa.

Como uma das condições essenciais para o sucesso é aquela que consta do primeiro item dos dez mandamentos, ou seja, considerar o seu trabalho uma excelente oportunidade, a única maneira capaz de fazer com que aquela falsa verdade alojada no subconsciente ceda lugar a esta última, que é positiva e, portanto, benéfica, é substituí-la pela auto-sugestão. E, uma vez auto-sugestionado, todo o comportamento do homem e da mulher a partir dessa operação mental se altera para o seu bem.

Existem várias técnicas para o processamento da auto-sugestão. Dentre elas, a que se processa através do relaxamento, descrita a seguir:

1. A pessoa se deita de costa, colocando os pés num nível um pouco superior ao do corpo, já existe até móveis especiais para a obtenção dessa atitude.

2. Fechar os olhos, sem esforço, e procurar evitar qualquer preocupação ou pensamentos, escolhendo, de preferência, um ambiente em penumbra.

3. O relaxamento dos músculos do corpo começa pelos pés. Concentre-se neles, pensando, ou dizendo mentalmente que seus pés

estão se relaxando, profunda, completamente. Sentirá, então, esse relaxamento nos pés e passará às pernas, usando o mesmo processo. Depois, pela ordem, às coxas, ao ventre, ao peito, à nuca, ao pescoço, aos músculos faciais e, especialmente, às pálpebras, que são o termômetro do relaxamento, porque se as sentir pesadas e sem nenhum estremecimento, sabe-se que o relaxamento se processou adequadamente.

4. Passe, a seguir, aos ombros, aos braços e às mãos, inclusive aos dedos.

5. Depois de conseguido o relaxamento total, deverá murmurar, ou pensar na frase que contém a idéia positiva que deseja impor a si mesmo. Se for o item primeiro dos mandamentos, dirá: "O meu trabalho é uma excelente oportunidade para mim", repetindo esta frase em voz baixa, monótona, rítmica e persistentemente.

6. O momento ideal para fazer este exercício é antes de dormir, porque, nessa ocasião, o consciente já está prestes a entrar em sono fisiológico, permitindo a maior captação do inconsciente das idéias sugeridas. É aconselhável que, fora deste período, se façam dois outros exercícios idênticos, sendo um de manhã e outro à tarde, ou em qualquer momento em que se sinta a necessidade de enfrentar algo que o esteja preocupando.

7. O tempo de duração do exercício varia entre quinze a vinte minutos, ou até o momento em que a pessoa sentir que se firmou nela a idéia sugestionada.

8. Como conseqüência dessa auto-sugestão, a idéia ou imagem sugestionada ao subconsciente impulsiona a pessoa a agir de acordo com ela, porque entra para o campo da imaginação, que é muito mais imperiosa do que o raciocínio.

Portanto, em relação aos cinco primeiros mandamentos, o caminho indicado para a fixação das idéias neles contidas é a auto-sugestão pelo modo exposto. Essa terapia serve para resolver, também, quaisquer outras preocupações. Assim, por exemplo, se alguém sentir-se doente pelo simples fato de imaginar doenças, deverá auto-sugestionar-se, usando, após o relaxamento, palavras positivas. A palavra é a arma mais poderosa que existe entre toda criação, uma única palavra tem mais poder do que todas as armas atômicas existentes sobre e sob a terra.

Sei que é mais fácil reconstruir uma cidade destruída pelo bombardeio atômico, do que reconquistar um coração destruído por uma "simples" palavra maldosa. A palavra tem poder imensurável como estas, ditas ou pensadas com suavidade: "Estou passando bem", "Tenho os órgãos em bom funcionamento", "Sinto-me cada vez melhor e mais feliz", etc.

Uma observação importante relativa às palavras que se deve usar é não empregar expressões negativas, como, por exemplo, "Não estou doente". Pelo modo negativo não se obtém o resultado desejado, porque se estaria negando frontalmente o que para o subconsciente é uma verdade e ele tende a rejeitar a sugestão feita. Ao passo que a pessoa conseguirá seu objetivo se disser positivamente: "Estou melhorando a cada momento." O poder das palavras é imensurável, sejam positivas, sejam negativas. Cristo chegou a fazer uma afirmação dizendo: "Porque por tuas palavras serás justificados, e por tuas palavras serás condenados." (Mateus 12,37).

Emile Coué, o psicólogo pioneiro no campo da auto-sugestão, aconselhava a seus pacientes fazer a terapia de repetitividade dizendo vinte vezes, três vezes ao dia: "Todos os dias, sob quaisquer condições, sinto-me cada vez melhor." Pode-se fazer essa auto-sugestão mesmo sem o relaxamento. E, se os resultados obtidos foram surpreendentes, calcule, então, o que se conseguirá através de uma auto-sugestão em estado de relaxamento?

O homem moderno não pode deixar de conhecer e dar a devida importância às técnicas relativas ao relaxamento e à auto-sugestão, porque, diariamente, nas competições sociais e profissionais, que travamos, sem que percebamos, estamos sendo sugestionados constantemente por idéias negativas que nos influenciam profundamente, este é o objetivo de nosso inimigo interior. Quando notar que está sob influência de maus pensamentos, só poderá contrariá-los ou vencê-los se se auto-sugestionar com frases que tenham pensamentos contrários e positivos. Se não o fizer, estará sempre preocupado e angustiado, prejudicando a si mesmo e àqueles que com você convivem.

Considerada a importância da auto-sugestão para a fixação, em relação aos mandamentos do líder idôneo, dos cinco primeiros itens, passaremos, agora, ao estudo de cada um deles, separadamente para constatar o que de bom poderá ocorrer àquele que os assimilar e praticar. Darei um exemplo de auto-sugestão ocorrida a mais ou menos oitocentos anos antes de Cristo. Um certo general assírio encontrava-se leproso, foi enviado pelo seu rei para ser curado em Israel pelo profeta Elizeu. Este não se deu ao trabalho sequer de ver o ilustre paciente de perto, apenas lhe enviou um mensageiro com uma ordem expressa de auto-sugestão dizendo que o general Naamã precisaria apenas mergulhar sete vezes nas águas do rio Jordão para que ficasse curado de sua lepra.

I. Considere o seu trabalho uma excelente oportunidade

Quando consideramos o nosso trabalho uma excelente oportunidade, não o encaramos restritivamente, mas relacionado a todas as oportunidades que ele nos poderá proporcionar.

Um engraxate de sapatos que assim não pense ficará todo o dia a se preocupar unicamente com a parte mecânica de seu trabalho, voltando a fazer a mesma coisa todos os dias, para ganhar a mesma retribuição. Todavia, se ele considerar que, como engraxate, estará, durante a execução de seu serviço, junto das mais diversas pessoas, dentre as quais muitas lhe poderão ser úteis, acabará fazendo boas amizades, receberá construtivos conselhos, poderá conseguir uma ajuda para estudar ou ir trabalhar em outra coisa qualquer.

Enfim, qualquer pessoa, desde que forme um estado mental no sentido de que, trabalhando está tendo ótimas oportunidades de melhoria, quer em relação ao trabalho que está executando, quer quanto a outros, que poderá vir a exercer devido aos contatos que sua atividade lhe proporciona, está a caminho de conseguir seu objetivo. As oportunidades estão a nossa espera em todos os lugares, oferecendo-se a nós. É preciso que nos preocupemos com elas, e elas certamente passarão diante de nós.

Um jovem trabalhava como office-boy num escritório de advocacia e manifestava sempre interesse pelo seu serviço, captando, por isso, a simpatia de seu líder. Este, num fim de semana, convidou o rapaz para conhecer o clube de esportes de que fazia parte. Foi tanto o entusiasmo do jovem, tantos os comentários que ele fizera com o seu líder, que este resolveu ajudá-lo a ingressar naquele clube. A vida do rapaz a partir dessa data se alterara completamente. Conhecera várias pessoas, fizera boas amizades e, com o passar do tempo, um desses seus amigos suscitou-lhe o desejo de estudar contabilidade.

Depois de formado, montou um escritório, conquistando a sua clientela com os comerciantes e industriais, seus companheiros de clube. Não demorou muito tempo, aquele jovem do passado já se encontrava em melhores condições financeiras do que o advogado, em cujo escritório fora office-boy. Se ele não tivesse visto no humilde trabalho que exercia uma excelente oportunidade para cultivar boas amizades e progredir na vida, teria, certamente, negligenciado nas suas obrigações, antipatizando-se com seu líder e com outras pessoas do escritório, criando contra si obstáculos, ao invés de facilidades para progredir na vida.

Mas, como agiu pelo modo construtivo, teve todas as oportunidades que pairavam naquele escritório e que estariam pairando em todos os lugares em que ele fosse trabalhar. Quando minha filha primogênita estava terminando o segundo grau, perguntou-me qual era a profissão que estava dando mais dinheiro, eu respondi que em qualquer profissão que ela se dedicasse de corpo e alma, sendo de fato vocacionada, acabaria sendo a melhor profissional; então ela me perguntou onde ficava a boa remuneração salarial. Eu respondi que isto é reação de uma oportunidade que você considerou como se fosse a única.

Quem não possui essa disposição natural de ver no trabalho que faz excelentes oportunidades, precisa se convencer disso. Aplique a si mesmo o método de relaxamento e da auto-sugestão já referidos. Se não tiver paciência para conseguir o relaxamento, concentre-se alguns minutos durante o dia e murmure para si mesmo, ou pense: "O meu trabalho proporciona-me ótimas oportunidades de vida." Pense com suavidade, mas com convicção, repetindo essa frase umas vinte vezes até se conscientizar de que você é uma pessoa especial. Se não conseguir resultados imediatos, dúvida não há de que, pela alteração que se operará em seu estado de espírito, dando-lhe mais eficiência e simpatia, melhores oportunidades surgirão em seu trabalho.

O autocontrole psicológico é uma ferramenta que está à disposição de todos nós, todavia não é uma propriedade absoluta. Para adquirirmos, precisamos de tempo para nos auto-sugestionar. Eu tenho o privilégio de desligar-me de todos os problemas, seja ele qual for. Há quem pense que esse comportamento é oriundo de pessoas irresponsáveis, todavia não procede dos fatos. Posso ter o dia mais terrível que se possa imaginar, no momento em que eu entrar em minha casa, tudo ficará para trás, aprendi a não levar para casa os problemas inerentes ao meu trabalho, do contrário o lar passa a ser um inferno astral, viva com sua família os melhores momentos de sua vida, os piores jogue para baixo para que não caia em sua cabeça.

II. Considere-se a pessoa mais adequada, capaz e competente

Considere-se a pessoa mais adequada, capaz e competente para o serviço a que se candidata. As suas palavras firmes e indubitáveis darão ao entrevistador a certeza de que ele está contratando a pessoa correta para a função que você vai ocupar. Ainda que nunca tenha executado esta função, nunca diga "não sei fazer", no máximo diga: "nunca fiz, porém acho que não é impossível ser feito, uma vez que já foi executado por alguém".

A pior coisa para uma pessoa é considerar-se inadequada, incapaz ou incompetente para o seu serviço. Estará sempre se sugestionando com essas idéias negativas e acabará, fatalmente, se convencendo da sua irrevogável incompetência. Se fizer o contrário, embora sinta a sua incapacidade, auto-sugestionado-se de que está se adaptando aos poucos ao trabalho, adquirirá, conseqüentemente, confiança em si mesmo e seu subconsciente se convencerá daquelas qualidades antes sugestionadas.

Uma jovem, após a morte do pai, dono de uma livraria que se dedicava à venda de livros usados, foi obrigada a tomar conta desse estabelecimento comercial, por ser a única filha e sua mãe impossibilitada de fazê-lo. Sua idéia, desde o início, foi livrar-se do negócio, pois não lhe agradava o serviço, não conhecendo o ramo e sentindo-se incapaz para exercitá-lo. Como conseqüência, a precária casa comercial que herdara ia de mal a pior, criando para a família problemas muito sérios. A moça começou a pensar seriamente em fazer alguma coisa, mas não sabia o quê. Num desses instantes de angústia, viu entre os livros que vendia, um intitulado *Os Milagres de sua Mente*, de Joseph Murphy. Tomou-o nas mãos e folheou-o de propósito, detendo-se neste trecho:

"A riqueza é um estado de consciência. É um condicionamento da mente à influência eterna de suprimentos. O pensador 'científico' encara o dinheiro ou a riqueza como a maré, isto é, algo que se afasta mas que sempre volta. A maré nunca falha, como jamais falhará o suprimento daquele que confia numa presença imortal, incansável e imutável, que flui incessantemente em sua onipresença. Aquele que está familiarizado com o funcionamento do subconsciente jamais se preocupa com a situação econômica, com pânicos na Bolsa, desvalorização ou inflação da moeda, pois vive envolto na consciência do suprimento perene." (Lisa biblioteca de comunicação p. 91).

Este vive sempre na opulência e é sempre cuidado por uma Presença operante e protetora. Disse o Grande Mestre dos mestres: "Atentai para os pássaros dos céus: eles não semeiam, eles não colhem, eles não acumulam em celeiros; no entanto, a Natureza criada e administrada pelo Meu Pai os orienta para que se alimentem continuamente. Não sereis, porventura, vós muito mais importantes do que eles?" (Mateus 6,28).

Como já dissemos no nosso discutido e contraditório livro *Deus e a história bíblica dos seis períodos da criação*, Deus quase sempre antecede aos seus ungidos uma adversidade ao seu costumeiro sistema de vida, comigo não tem sido diferente. Depois de muito sucesso financeiro, tenho andado pela contramão da vida socioeconômica, há pouco tive o meu automóvel furtado, era o único que tínhamos e estava inteiramente financiado. Minha esposa ficou desesperada enquanto eu estava tranqüilo; ela um dia estava extremamente nervosa e olhando para mim disse: "Você parece que não existe, nunca vi ninguém assim como você, que não liga para nada", respondi "Nasci nu, hoje estou vestido e graças ao meu bom Deus vivo com muita saúde, isto já é mais do que mereço, louvo a Deus por tudo."

À proporção que você comunga com a Presença Interior e proclama consciência que essa Presença o orienta de todas as maneiras, qual clara lâmpada que ilumina o caminho, será protegido e prosperará nunca além de seus sonhos. Mais uma coisa quero vos lembrar: os seus pés só poderão levá-lo até onde os seus olhos possam alcançar.

Eis uma forma simples para você impressionar seu subconsciente com a idéia do suprimento perene ou riqueza: pare as engrenagens de sua mente. Repouse. Relaxe e imobilize sua atenção, ingressando em um estado de consciência, ávida e meditativa. Isso reduz o estresse ao mínimo. Em seguida, relaxado, calmo e passivo, reflita sobre as seguintes verdades simples: pergunte-se de onde vêm as idéias? De onde vem a riqueza? De onde veio você mesmo? De onde veio o seu cérebro e sua mente? Você será levado de volta à Origem única de sua vida. Estará, então, em condições de trabalhar espiritualmente.

Para onde iremos depois de cumprir nossa função nesta vida? Será que você pode interferir em seu futuro, ou tudo é produto do acaso. O ponto final, normalmente, encerra o diálogo, todavia não deveremos aceitar que alguém coloque o ponto final em nossa vida, só Deus o fará, ou então você mesmo quando desistir de lutar por ela.

Só você deve interferir em seu futuro, seja evolutivo, seja degenerativo. Não aceite sugestão que passe esse direito para outrem, há quem acredite que já foi um inseto em outras supostas vidas, e o fato hoje de ser humano já é uma grande evolução. Bem, se pensa assim, e gosta da forma de ser, não posso mudar seu pensamento. Todavia se pensa de forma diferente e quer melhorar o seu modo de viver, siga em frente e descubra que você pode ser uma partícula de Deus e que pode ser muito mais importante do que são os próprios anjos de Deus.

Como já dissemos, pobreza e riqueza podem ser apenas um estado de espírito e que o mesmo Deus que enriquece, empobrece. Há quem pense em não se casar com alguém que julga amar porque esse alguém não tem dinheiro, como se isso pudesse fazer a diferença. A riqueza de alguém não deve ser vista pelo seu saldo bancário, ou pelo seu patrimônio imobilizado; a verdadeira riqueza devem ser os valores morais e intelectuais, o dinheiro será apenas uma conseqüência desses valores bem administrados. Talvez já não parecerá um insulto à sua inteligência a compreensão de que a riqueza é um estado de espírito.

Se quiser, tome como exemplo a seguinte frase e repita-a de maneira calma e lenta para si mesmo durante quatro ou cinco minutos, três ou quatro vezes ao dia, especialmente antes de dormir: "O dinheiro circula livremente em minha vida, de forma permanente, e sempre de sobra." Fazendo isso regular e sistematicamente, você levará a idéia da riqueza à sua mente profunda, criando uma consciência de riqueza se isto é tão importante para você, desde que isto não supere os valores maiores interiores. Como sabemos, nossa mente profunda reage a tudo o que aceitamos, coincidentemente, como verdadeiro.

No início, as pessoas que estão em dificuldades financeiras não obtêm resultados com afirmações como: "Eu sou rico", "Eu tenho êxito". Essas declarações podem até provocar agravamento de suas condições, pois o subconsciente aceita apenas uma de suas idéias, ou seja, só aceita a dominante. Se a idéia que o domina, no momento, é a da falta de dinheiro, certamente que não poderá se sugestionar de que está rico porque isso é falso. Para obter a cooperação do subconsciente, neste caso poderá afirmar: "Estou melhorando em saber administrar a riqueza", "Eu estou avançando, aprendendo e crescendo, adiantando-me financeiramente". Declarações desse tipo não criam conflito na mente com a idéia dominante de que a pessoa está ruim financeiramente.

A jovem livreira leu o livro até o fim, voltou a folheá-lo e sentiu que havia descoberto a razão do seu fracasso. Ela havia formado um estado mental negativo, entendendo que não sabia trabalhar no ramo de livros, admitindo-se incapaz e incompetente para o serviço que estava realizando. Mas resolveu seguir os conselhos contidos no livro que lera, auto-sugestionando-se que a riqueza estava ali ao alcance de suas mãos, representada pelo patrimônio que o pai lhe deixara. Verificou, ainda, que, assim como ela, com a leitura de um livro, pode constatar o erro em que incidia, quantas outras pessoas poderiam receber o mesmo benefício, comprando e lendo os livros que estavam nas prateleiras de sua livraria.

Convenceu-se de que se tornara a pessoa mais adequada, capaz e competente possível para aquele ramo de negócio. Passou a atender seus fregueses com entusiasmo e simpatia. Sua livraria prosperou e, em pouco tempo, voltou à tranqüilidade que ela havia perdido. O fato ocorreu numa das cidades do sul dos Estados Unidos, mas poderá ocorrer em qualquer parte do mundo, desde que você possa se auto-sugestionar de que é capaz de fazer as coisas cada vez melhor.

III. Sinta-se a pessoa mais vocacionada para o trabalho que executa

Há um tema de discurso que costumamos dar aos alunos do curso de oratória que confirma amplamente o princípio de que o homem é o produto do trabalho que executa com facilidade e amor. Aprendendo a arte a que se dedica, acabará sentindo-se bem na sua execução e, conseqüentemente, com vocação para ela. Esse tema é "A minha profissão". O aluno terá que desenvolvê-lo, dizendo primeiro, como abraçou a profissão e, a seguir, dizer por que gosta do que faz. Pois bem, ao contar como chegou à profissão que está exercendo, noventa por cento contam que era seu intento seguir esta ou aquela atividade profissional, tendo depois, por contingências da vida, seguido rumo diferente, alterando-o várias vezes, até que chegaram, finalmente, àquela que hoje exercitam com extremo sucesso.

E, ao falar dos motivos pelos quais gostam dessa profissão, reconhecem que se sentem com vocação para ela, exercendo-a com prazer.

Dessa observação resulta que é errado a pessoa supor que, se abraçasse outra profissão, possivelmente fosse mais feliz e financeiramente mais realizada. Ao invés de estar com esses pensamentos, deve, isto sim, identificar-se com o seu trabalho, sentindo-se qualificada para ele. Como já foi dito anteriormente, qualquer idéia que desperte emoção, ou seja sentida como verdadeira, será aceita pelo subconsciente. Desperta-nos emoção a idéia de que temos vocação para o trabalho que estamos executando e, em breve, verificaremos que não poderia haver atividade mais compatível com o nosso temperamento do que aquela que estamos exercitando.

Compenetremo-nos de que, como diz J. Murphy, o subconsciente aceita todas as sugestões que lhe são oferecidas, sem discutir, procurando realizar todos os nossos desejos. Tudo aquilo que nos acontece tem base nos pensamentos que foram transmitidos ao subconsciente, tudo se baseia naquilo que cada um de nós aceita como verdadeiro. O subconsciente aceita, implicitamente, as crenças e convenções de cada um.

Por que uma pessoa de boa formação ética e moral em sua formação familiar se torna um mau caráter? Isto não acontece de um dia para outro, é fruto do meio da convivência; segundo Aristóteles, uma criança bem formada pode tornar-se um marginal da pior espécie possível, porém é uma pessoa de boa formação este bandido, é etimologicamente diferente dos marginais que nasceram de pais delinqüentes e se formaram no meio da delinqüência.

Em 1994 tive uma experiência ímpar, fui convidado para dirigir uma empresa que eu havia salvado da falência em 1987. Quando fui conhecer o novo presidente, ele me informou que tinham entre os empregados mais ou menos duzentos detentos oriundos da penitenciária de Franco da Rocha de São Paulo, tomei um grande susto ao saber que teria entres meus subordinados um número tão grande de marginais, isto soou aos meus ouvidos como um absurdo. Respondi que não poderia dirigir uma empresa que tem 40% de infratores da lei. O empresário disse que eu era o melhor neste serviço, que não estava precisando de um bom dirigente de homens, ele precisava do melhor do mercado, por isso tinha mandado me procurar, para me conhecer e se possível me contratar.

Ele disse: "Não quero um xerife, quero um pastor, homem que possa mudar o raciocínio de uma pessoa má." Voltei para casa bastante pensativo, liguei para meu amigo Paulo Roberto, que havia me recomendado para aquele empresário e perguntei: "Paulo, você disse para o senhor Antônio que eu sou pastor evangélico?" Ele respondeu: "Claro que não! Nem eu mesmo sabia que você é pastor." Isto me deixou bastante intrigado, orei ao meu Deus que me orientasse e que Ele dissesse para o meu eu interior o que Ele queria que fosse feito. Dois dias depois eu liguei para o senhor Antônio dizendo que iria aceitar sua proposta.

Passei a ver que teria naquela empresa uma oportunidade rara, seria para mim uma experiência nova, não vi o perigo que aqueles homens expunham, mas a oportunidade de recuperá-los e devolvê-los aos familiares, à sociedade e ao Estado.

Foi para mim a maior experiência de toda minha vida, tanto profissional quanto espiritual. Antes de nossa chegada, os detentos viviam sempre em pé de guerra. Os agentes policiais que cuidavam deles estavam sempre atentos a suas atividades de monitorar os passos de cada um deles, a preocupação com relação aos mais perigosos era a evasão, o alambrado que separava os limites da empresa era de seis metros de altura, todavia não evitava as fugas. Havia casos bastante estranhos, eram detentos perigosos a ponto de não poderem ser administrados pela diretoria, havia casos em que o detento já tinha cometido vários homicídios dentro da própria penitenciária e fazia com que os seus laranjas acabassem confessando os crimes. A diretoria sabia a respeito dos fatos mas não podia fazer nada, estes homens eram enviados para a empresa como pretexto para que eles evadissem, assim duas coisas poderiam acontecer, ou fugiam ou eram mortos pelos agentes durante a fuga.

Durante o tempo em que estive na direção da empresa não evadiu-se um só detento sequer. Mudei a forma de selecionar os novos integrantes do grupo de trabalho, para cada três dias trabalhados eles ganhavam redução de um dia da penalidade, todos os interessados no trabalho passavam por uma triagem psicológica na própria detenção. Os psicólogos do Estado selecionavam os possíveis recuperandos. Lembro-me de que uma certa manhã um dos agentes me disse: "Dr. Ailton estão aí doze novos detentos, mas, segundo a nossa psicóloga, o senhor vai selecionar apenas quatro deles."

Perguntei por que ela sabia disso e ele me disse que não sabia, ela apenas dissera que nós deveríamos trazer de volta uns oito destes doze homens. Quando comecei a entrevista, num grupo com quatro homens, acabei reprovando todos, só que por motivo de preservar minha própria integridade física não poderia dizer para eles por que estavam sendo reprovados. Os demais foram todos aprovados, entre eles estavam dois dos mais perigosos da Penitenciária de Franco da Rocha, talvez esses dois vieram destinados à evasão, a fim de que fossem mortos durante a fuga. Na ocasião as duas psicólogas não entendiam qual o critério que eu tinha usado. Para finalizar, Deus nos deu tanta graça que recuperamos em apenas quatro meses os dois homens mais perigosos daquela penitenciária, e o Senhor Jesus miraculosamente mandou os dois para o seio de seus familiares, ambos tiveram uma revisão da pena e foram imediatamente postos em liberdade condicional. Aquele trabalho foi para mim o mais gratificante de todos os tempos.

Assim sendo, devemos nos convencer de que o trabalho que estamos fazendo é aquele para o qual temos vocação. Transmitindo essa idéia ao subconsciente, este acabará se convencendo dessa verdade, não reagindo contra o nosso trabalho, mas, ao contrário, aceitando-o plenamente. Desaparecerão, como conseqüência, possíveis frustrações para dar lugar à euforia daquele que se sente bem no seu trabalho.

A auto-sugestão bem aplicada cria uma segunda natureza, que domina, totalmente, a anterior. E, se a pessoa ainda sentir necessidade de praticar outra atividade paralela, que o faça em forma de recreação, ou hobby. A importância do homem se sentir vocacionado para o trabalho que executa é decisivo. Um médico poderá, em determinado estágio da vida, mesmo quando esteja no auge de sua carreira, abandoná-la, por circunstâncias imperiosas, para se dedicar à agricultura. Se ele não se auto-sugestionar, ou transmitir ao seu subconsciente a idéia de que está gostando dessa nova atividade, identificando-se com ela, acabará não sendo nem médico, nem agricultor, mas um homem preocupado com um eterno dilema, que o angustiará para sempre.

Há pessoas que começam muitas coisas de uma só vez, achando que isto é sinônimo de polivalência, normalmente quando você faz muitas coisas ao mesmo tempo não tem especialidade em nenhuma área específica, tornando-se um grande quebra-galho (ou macaco pesado demais). O resultado disso é fracasso. Depois de algum tempo fazendo muitas coisas sem nenhuma especialização o suposto profissional chega à conclusão de ser uma pessoa fracassada, isso resulta da dúvida em que vive sobre o trabalho que executa. Esquece-se de que toda atividade profissional é boa, desde que nos convençamos disso e nos dediquemos ao máximo em uma especialidade. E, nada tem a ver com a força de vontade, pelos modernos processos da auto-sugestão, podemos nos convencer das idéias que quisermos. Porque o subconsciente é "um solo fértil, que aceitará qualquer semente que nele for depositada, seja ela boa ou má. Germinará com igual desempenho a árvore que dá sombra e frutos ou a erva daninha rasteira e venenosa".

Se a pessoa vai todos os dias para o trabalho pensando que está perdendo tempo e oportunidade, esses pensamentos negativos só servirão para diminuir, cada vez mais, sua capacidade de concentração e de produção e leva a antipatizá-lo com o ambiente em que atua. Não se deseja, todavia, que se continue a trabalhar onde não se recebe proventos necessários à sua mínima subsistência, ou que não se aspire à melhoria de vida. Se for este o objetivo, aliás elogiáveis, deve-se alimentar a feliz idéia de progredir e ver-se no seu trabalho atual apenas como um degrau da sua ascensão, enquanto se planeja conscienciosamente suas atividades futuras. Quando tratarmos do item IV deste decálogo, apresentaremos como fazer esse plano para o futuro, sem prejuízo à vida presente.

O importante, no desenvolvimento deste item, é lembrar que nos sentimos, com vocação ou não, para determinada atividade, desde que nos convençamos intimamente de ter ou não vocação para ela. E que verdadeiros milagres operam a mente que trabalha no sentido de levar ao subconsciente a mensagem de que estamos trabalhando exatamente no ramo para o qual nos sentimos ajustados perfeitamente.

IV. Goste do seu trabalho, seja ele qual for

Os grandes homens encontraram o caminho que os levou ao sucesso só depois de enfrentar um período de dureza, cansativo, longo e difícil. Sem abnegação, vontade de vencer e entusiasmo, teriam, fatalmente, de desistir em meio à caminhada. E, as maiores vitórias, quase sempre, são conseguidas quando o homem, além das adversidades naturais que surgem na sua frente, está se dedicando a um trabalho contra a sua vontade. Porque a providência, reservando-lhe essa provação, está lhe oferecendo a oportunidade de um aprimoramento maior de suas capacidades, fazendo com que ele supere-se a si próprio.

Já se disse que acaba, geralmente, gostando de azeitonas aquele que sendo obrigado a comê-las à força, posteriormente a elas se acostuma, descobrindo nelas virtudes, que antes eram defeitos. Infelizmente, há pessoas que procuram ver no seu trabalho somente os aspectos negativos, esquecendo-se dos positivos. São os eternos descontentes (avarentos e murmuradores), serão sempre inadequados, serão eternos procuradores de outras ocupações que, se obtidas, também acabarão por desgostá-las. "O essencial é a pessoa gostar de seu trabalho, porque o amor sempre amplia o prazer, ao passo que aquilo que é desprezado, mirra e desaparece da vida sem deixar saudade."

Numa estação balneária, viviam os funcionários encarregados de preparar o banho dos freqüentadores, a se lamentar do trabalho mecânico que executavam, de esvaziar banheiras, limpá-las e torná-las a encher, repetindo essa operação durante horas seguidas, durante todos os dias de trabalho. Essa lamentação, aos poucos, foi tomando conta de sua mente e passaram a usar, até, uma frase com a qual sintetizavam o seu trabalho: "Vivemos a nos abaixar e a nos levantar o tempo todo." Por força dessa lamentação constante, começaram a sentir dores que antes desconheciam, nas costas, nos braços e no ventre. Convenceram-se de que estavam sendo sacrificados e prejudicados.

Tendo falecido um desses funcionários num acidente, fora do serviço, realizou-se um concurso para o preenchimento da vaga deixada. Surgiram vários pretendentes, muitos deles empregados no comércio local e, aparentemente, em melhores condições financeiras do que aqueles funcionários do balneário. O concurso revestiu-se de certa importância, havendo provas escritas e orais, parte prática e outras exigências, pois que se tratava de um balneário do Estado. Depois dos exames, adveio uma demorada expectativa do resultado e, como conseqüência, a alegria do vencedor e a decepção dos derrotados.

Nunca mais se ouviu falar naquele balneário que o serviço de esvaziar, limpar, encher banheiras fosse tão prejudicial à saúde, nem que os seus executores tivessem dores nas costas, no ventre e nos braços. O concurso teve o condão de fazer com que aqueles homens verificassem quão importante e disputado era o cargo que exerciam. Infelizmente, para muita gente, é preciso que as adversidades surjam para que valorizem o que estão fazendo. São como massa de pão, precisa ser amassada para ficar boa.

Goste do seu serviço e faça-o com prazer, com alegria e ele lhe proporcionará felicidade. Ao invés de se lamuriar, cante ou assobie uma bela melodia, isso alegrará a sua alma. Se você amar o seu trabalho, esteja certo de que será bem-sucedido. Toda manhã, ao fazer a sua barba, ou a sua maquilagem, diga frente ao espelho: "Só encontrarei coisas boas no meu trabalho hoje", "Será para mim um dia feliz e alegre", "A alegria e a satisfação no meu trabalho vão depender somente de mim", "Serei bem simpático com os meus companheiros hoje."

Enquanto executamos tarefas mecânicas, como a de barbear-nos, entramos automaticamente em estado de relaxamento e nossa mente está receptiva. Qualquer idéia pode ser inculcada no subconsciente por sua freqüente repetição, em certos períodos do dia, desde que o façamos esperançosos e convictos do êxito.

V. Deposite fé naquilo que estiver fazendo

Deposite fé naquilo que estiver fazendo, afirma Paracelso: "Seja o objeto de sua fé verdadeiro ou falso, você obterá os mesmos resultados."

Isso equivale a dizer que o que importa é que você tenha fé. Por outro lado, o Dr. Parker, doutor em psicologia clínica, baseado em experiências feitas em sua própria pessoa, pois curou-se de úlceras através da fé, observa: "A terapêutica pela prece não é a panacéia miraculosa que tudo cura, é, antes, a utilização científica da prece, com os seus efeitos sobre o subconsciente." Disse também o Mestre dos mestres: "Na verdade, na verdade vos digo que quem houve a minha palavra e crê naquele que me enviou tem a vida eterna e não entrará em condenação, mas passará da morte para a vida." (João 5,24).

Ter fé é sugestionar-se de que algo existe e que nos protege. As pessoas descrentes são aquelas que não se deram ao trabalho de experimentar a importância que têm em sua vida a crença em alguma coisa. Em especial no autor e consumador da fé. Acreditar na possibilidade de milagres sem ter Cristo no coração dá muito trabalho, obriga muito tempo de meditação. É mais fácil não ter esse trabalho e continuar dizendo que não se acredita em nada e que sua vida não tem solução.

"Qualquer método que tire de você o medo e a preocupação, para ingressar no terreno da convicção e da esperança, terá resultados benéficos" diz J. Murphy. A verdadeira cura científica pela Mente é obtida pela função combinada do consciente e do subconsciente, cientificamente dirigidos. O homem que nega a úlcera que tem na mão, que nega, mesmo, o seu corpo e diz que tudo quanto é visível é tangível não tem existência real, pode ser curado, embora isso pareça um absurdo. E surge a pergunta: como se cura um homem que protesta contra o que lhe parece um insulto à sua inteligência? A razão é óbvia: quando se sabe como funciona a mente e o corpo, entra-se num estado receptivo de calma e passividade, em que seus sentimentos objetivos ficam parcialmente suspensos, quase alheios.

É um estado de sonolência que torna o subconsciente inteiramente sugestionável, como acontece com o poder terapêutico da célula-troco, a mente neste estado fica como uma folha de papel totalmente limpa, com isso pode-se escrever o que quiser. Nessa ocasião, o médico sugere, com palavras adequadas, a saúde perfeita, cuja idéia se agrava no subconsciente. Dessa forma, o cliente incrédulo encontra grande alívio e, eventualmente, a cura completa. A cura é devida a uma esperança confiante que age como sugestão poderosa ao subconsciente e libera a sua força curativa. "Um homem não se cura por força diferente da que curou seu vizinho, embora seja certo que eles sigam teorias e métodos diferentes. Existe um só processo curativo, que é a convicção, e uma só força curativa, que é o subconsciente. Escolha a teoria e o método que preferir e esteja certo de que os resultados virão, se você tiver convicção." (Lisa biblioteca de comunicação p. 99).

Esclareça-se, todavia, que estamos nos referindo às curas feitas por psicólogos, psicanalistas, osteopatas, quiropráticos, ou membros de crenças filosóficas etc., cada um pode proclamar que as curas são o resultado de sua teoria, mas o processo de toda a cura é uma atitude mental definida de forma positiva. É uma certeza íntima, uma forma de pensamento chamada convicção; se alguém está com uma incontrolável dor de cabeça e alguém lhe dá um comprimido dizendo que é o que resolve, normalmente ainda que este seja um pseudoremédio, sua mente foi auto-sugestionada e acaba ficando liberta. Se, em relação à cura de doenças, a fé tem feito verdadeiros milagres, não menos importante é a sua atuação quanto aos resultados que se poderão colher no trabalho que estamos executando e em especial na salvação de sua alma. Esta não é a mesma fé que cura? Esta fé nos é dada pela infinita misericórdia de Cristo para transformar a nossa maneira de viver.

É conhecido o fato ocorrido com aquele pescador demasiado inseguro. Certo de sua incapacidade profissional, ele só lançava sua rede nas proximidades das margens do rio, onde morava. Não tinha fé no seu trabalho e vivia a se lamentar do seu insucesso. Um dia, entre os parcos peixes presos às malhas de sua rede, encontrou uma estatueta de madeira, que supôs que fosse a imagem de um "santo" que o iria proteger daí para frente. Construiu uma capela e, num altar, colocou a imagem, passando a pedir-lhe sua proteção. Convicto de que haveria de se processar um milagre, representado por grandes pescarias que iria conseguir, abandonou as margens do rio e aventurou-se por toda a extensão das águas, com grande disposição.

O resultado não se fez esperar, tornou-se um próspero pescador. Mal sabia ele que aquela estatueta nada mais era do que um boneco de madeira pertencente a uma menina que morava rio acima e que, por descuido, caíra nas águas. Quando não se tem a aventura de uma sugestão feita por acaso, deve-se criá-la, propositadamente alimentando-se de fé e convicção. Deve-se formar um estado mental de que se está no caminho do êxito e, quando essa convicção estiver formada, sugerir o entusiasmo, alimento espiritual indispensável para operar milagres em nossos negócios. A fé, já foi dito literalmente por Jesus Cristo, bem aplicada remove até montanhas.

A montanha que separava o medíocre pescador do pescador bem-sucedido era o excesso de insegurança que não lhe deixava se aventurar além das margens do rio, não o poder do boneco que mudou a sua vida, e sim a auto-sugestão de que ele podia se aventurar porque agora tinha proteção superior. Ao saber que aquela "estatueta" era apenas um brinquedo de uma menina que havia deixado por acaso cair nas águas, isso nada mudou em seu intelecto que já estava curado do medo de se aventurar nas águas.

VI. Faça um plano para o futuro e persista até alcançá-lo

Faça um plano para o futuro e prepare-se desde já. Saiba que são de duas espécies os derrotados na batalha da vida: os visionários, que vivem fora da realidade em seus mundos fantasiosos, e os pessimistas, que não meditam sobre as conseqüências dos fatos positivos. São ambos deficientes. Os visionários, por excesso de imaginação sem perseverança; os pessimistas, por falta de força imaginativa. O meio-termo destes extremos chama-se "bom senso". É preciso fazer, mas planejar antes. Pensar nos planos futuros, tendo, antes, o cuidado de verificar as possibilidades presentes.

Para projetar o futuro, é preciso que a pessoa se pergunte:

- Poderei encontrar melhor lugar na minha atual profissão, ou na empresa em que trabalho, ou deverei buscá-lo noutro lugar?

- Quais são as minhas perspectivas de melhoria? Os conhecimentos que possuo são suficientes para obter essa melhoria, ou precisarei reforçá-los com uma boa reciclagem dos meus atuais conhecimentos?
- Já estudei as minhas possibilidades de arranjar outro emprego, caso perca o atual? Ou montar outro negócio caso este não progrida?
- O que estou fazendo agora para melhorar os meus métodos de trabalho?
- Estarei, mesmo, decidido a mudar de ramo de atividade, ou de emprego, ou apenas suponho que essa mudança me seria favorável?
- Já estudei, exaustivamente, os prós e os contras dessa nova atividade, bem como as suas implicações em relação às minhas novas responsabilidades e modificação de meus hábitos? Essa nova ocupação irá me proporcionar grandes recompensas financeiras ou é apenas fútil imaginação de minha desocupada mente?
- Essas vantagens materiais, se houver, compensarão a perda parcial da tranqüilidade que desfruto hoje, no meu lar e no meu trabalho? Enfim para se começar a planejar para o futuro, deve-se, antes, meditar sobre o presente.

Porque, muitas vezes, a pessoa está na profissão ou no emprego que levará ao sucesso e, no entanto, volta seus pensamentos para outro setor. Ignora que, se fizer planos para a melhoria de suas condições no emprego ou na atividade a que se está dedicando, poderá alcançar relevo dentro dele. É preciso que faça um balanço das suas atuais possibilidades, verificando, friamente, o que lhe está faltando para melhorar sua posição. Se forem conhecimentos, adquira-os; se for interesse maior, dedique-o; se for falta de simpatia de seus companheiros ou dos líderes, conquiste-a.

A auto-sugestão é o remédio indicado para que a pessoa altere o seu comportamento, caso verifique que é em função dele que se está prejudicando em seu serviço. É algo bastante difícil de se fazer, mas é extremamente salutar. Se a sua mente está envenenada por idéias negativas, que o indispõem com o meio em que trabalha, lute contra esse envenenamento. Sugestione-se de coisas boas, seguindo o método preconizado no início deste capítulo. Todos perceberão a mudança em sua conduta e aquele ambiente, anteriormente insuportável, passará a ser agradável.

Outras vezes, a pessoa projeta algo que lhe poderá dar uma grande recompensa financeira. Nesse caso, é preciso verificar se ela está, realmente, capacitada para enfrentar este desafio, e se está precisando aumentar seu patrimônio. E, se a resposta for afirmativa, examine as suas condições físicas e fisiológicas e, sobretudo, a sua idade. A mudança repentina de serviço alterará seus hábitos, obrigando-o a condicionamentos que, muitas vezes, não compensarão os lucros que obviamente tiver.

Se fosse possível ouvir um depoimento sincero de todos aqueles que, em dado momento de sua carreira, na qual estavam integrados e eram vencedores, foram distinguidos com a sua escolha para um cargo representativo elevado e trabalhoso, certamente que nem todos diriam estar satisfeitos. Galgaram uma posição de destaque invejável, satisfizeram suas vaidades, mas, no íntimo, sentem-se que não são felizes, como anteriormente eram. Tiveram que mudar seus hábitos, sua maneira de trabalhar, sua vida enfim. Quando se projeta o futuro, é importante perguntar com os seus botões: "Estou, mesmo, decidido a mudar de ramo de atividade, ou emprego, ou apenas suponho que essa mudança me seria favorável?"

Certa ocasião, o gerente de um posto de gasolina composto de uma loja de venda de acessórios de automóveis de uma próspera cidade do norte do Paraná, a despeito de gostar de seu emprego, viu-se na contingência de afastar-se dele, por incompatibilidade de gênio com o seu líder imediato. Recebeu uma indenização compensadora e, fora do seu serviço, passara a projetar seu futuro.

Como nas suas horas vagas era grande apreciador de música, idealizou montar uma empresa encarregada de fornecer música, em circuito fechado, para casas comerciais, indústrias, consultórios e escritórios da cidade. Já estavam adiantados os seus planos, quando um amigo o advertiu de que, embora interessante essa nova atividade, ele estaria jogando fora toda a sua experiência e os fregueses adquiridos na sua longa vida de gerente do posto de gasolina e derivados de petróleo em que trabalhara.

Lembrou-lhe de que se esquecera de consultar se estava mesmo decidido a mudar de ramo de atividade ou supôs, apenas, que essa mudança lhe fosse favorável financeiramente. Essa advertência o fez meditar e, quando abriu os olhos para a realidade, verificou que, se estava encontrando dificuldades para conseguir um sócio para o ramo comercial da música, não lhe faltavam pessoas interessadas em associar-se a ele na montagem de outro posto de gasolina. Hoje, é ele um próspero comerciante neste ramo que lhe era familiar.

O hobby ou a recreação predileta, em muitos casos, não é o meio prático para a pessoa realizar-se comercialmente. O trabalho e o hobby podem caminhar juntos. Você poderá até fazer com que o trabalho se transforme em hobby. O que não se pode forçar é a substituição deste em trabalho.

Mesmo dentro da empresa em que se trabalha, é possível a realização dos nossos ideais, ou das nossas aspirações. Imaginemos que você trabalhe como vendedor externo ou caixa numa grande loja, e vive a lamuriar-se do longo horário, do pouco ordenado, do mau-trato e da monotonia enfadonha do serviço. Suponhamos, entretanto, que você não seja mais um desses milhares, porque teve um sonho na vida: ser artista, escritor, viajante ou alguém de gosto mais refinado. Fique, pois, sabendo que a esperança não morre nunca, sendo sempre acalentada na experiência que a gerou. Qualquer que seja a posição que você ocupe, está exatamente no ponto de partida para uma coisa melhor.

As pessoas bem preparadas são rodeadas cotidianamente de oportunidades incontáveis ainda que você não perceba. Acorde e ande! Quer ser artista? Pois bem, reúna os seus centavos, faça um curso de arte dramática, e não de arte "reclamática", encomende as confecções dos cartazes para as vitrines da sua loja e, passe a exibir a originalidade das suas idéias, procure ser transferido para a seção de propaganda, seja ou não com um ordenado melhor. O importante é abrir o seu caminho. Quer ser escritor? Seja antes um contumaz leitor, estude, atentamente, os anúncios, com o fito de adquirir para o seu próprio boletim diário uma tonalidade de maior distinção, aplique o seu esforço na confecção esmerada e elegante de anúncios, e, quando estiver satisfeito com sua maestria no assunto, apresente o seu trabalho ao líder da propaganda, insinuando-lhe o seu desejo de vir a ser o seu auxiliar.

Conseguindo um estilo bonito e original e sendo a literatura o seu destino, um lugar de destaque lhe será reservado no rol dos grandes escritores populares, ou clássicos, porém saiba de uma coisa: para toda glória há um preço que nem sempre o candidato está apto a pagar.

Quer ser viajante? Indague de que maneira o vendedor-chefe alcançou a posição e imite-o, pois, além de ter excelente ordenado, viaja freqüentemente.

Quer ser ator ou um grande orador? Aprenda a apresentar melhor suas idéias, ingressando num curso de oratória, utilizando essas artes no próprio local de serviço e, sem dúvida, causará uma boa impressão e será lembrado por seus colegas e seus líderes. Quer ser o presidente de uma corporação? Faça todos os cursos inerentes ao cargo e coloque-se como secretário particular de um indivíduo famoso, sem muito se preocupar com o salário que irá ganhar, estude e aplique os seus métodos, para mais tarde aventurar-se sozinho na condução do leme.

Para resumir, faça uma análise sistemática e completa de todas as vias que conduzam à realização, opte por uma e decida-se desde já a segui-la. Qualquer que seja a ação, persiste o princípio básico de que a intenção produz a atenção e esta, por sua vez, localiza e atrai as oportunidades.

O barqueiro rema preguiçosamente, assobiando ou mastigando, sem saber que é a água um agente de rápida locomoção; entretanto, o remador de regatas, treinado, ansioso, fere as águas com um movimento científico, num ritmo imperturbável, que o faz deslizar sobre a superfície, mais célere do que as próprias pernas. Não é o rio em cujas águas flutuamos que determina o nosso destino, é a escolha que fazemos do bote e do meio de manejá-lo. "Os grandes homens vêem onde os pequeninos suspiram." Devemos planejar, mas saber como fazê-lo e para que fazê-lo.

Não confunda grandes homens com homens grandes. O homem deve ser medido não pela dimensão vertical e horizontal de seu corpo físico, nem pelo peso de sua massa, e, sim, pelas virtudes de seus atos. Conta-se que uma certa vez perguntaram ao Dr. Rui Barbosa como ele dimensiona o ser humano, ele simplesmente respondeu, da linha paralela aos olhos até o alto da testa.

VII. Siga com pertinácia o caminho cuidadosamente escolhido

Pertinácia significa obstinação, persistência, contumácia, tenacidade, denominada por muitas pessoas como teimosia. Ninguém consegue êxito na vida sem pertinácia. Assim como caminhando por uma estrada, temos a tentação de descansar à sombra de uma árvore, ou desviarmos do caminho para conhecer uma localidade próxima, assim também, quando nos propomos a trabalhar num setor de atividade, assalta-nos a idéia ou de que não devemos nos esforçar muito, ou de que seríamos mais bem-sucedidos noutro serviço. Quando nos assaltam esses pensamentos, estamos próximos do fracasso. Perdemos o estímulo pelo que estamos fazendo e vivemos angustiados na expectativa de fazer outra coisa.

Para sermos pertinazes, é preciso que nos preparemos mentalmente. Antes de escrever o meu primeiro livro, fui indicado para ocupar uma cadeira na Academia Paulista Evangélica de Letras, isto por certo foi o marco de aprovação divina que eu deveria ser de fato um literato, tão bem dedicado e tão bem-sucedido quanto fui na função científica e tecnológica.

Um certo amigo insistia muito para que eu lançasse este livro simultaneamente com os dez mandamentos da oratória, a fim de que os seus alunos de oratória tivessem o mesmo material que disponibilizamos para os alunos de liderança e eficiência pessoal. Nunca, porém, nos restava tempo para concluir o trabalho.

Fui professor de homilética e isto fazia com que eles me cobrassem pertinazmente até que escrevesse. O manual de oratória sairá em breve com co-autoria do digníssimo Dr. Caramuru Afonso Francisco. Para andar direito e bem equilibrado é preciso andar todos os dias. E como há sempre um destino em vista quando se anda, deverá igualmente haver um destino, um objetivo principal, quando se pensa. Se um sujeito saísse para ir ao correio e, no meio do caminho, decidisse ir à igreja, e ao mesmo tempo quisesse ir ao teatro e, afinal, acabasse voltando para a casa sem ter ido a parte alguma, certamente haveriam de dizer que se tratava-se de um lunático.

O mundo mental, no entanto, é um reino de mentes errantes, só que não nos é dado a condição de podermos vê-las.

Será que você é capaz de engolfar-se em um estudo ou trabalho a ponto de nada sentir do universo inteiro, além da coisa única que se acha debaixo da sua atenção momentânea? Se puder fazer isso, está no caminho de algo que vale a pena; se não puder, está ainda por sair da indolência mental e moral, e terá à sua frente um futuro vazio, como atrás teve um passado vazio.

Aprenda a empregar pelo menos meia hora, diariamente, a fortalecer o seu fim na vida, dedicando um período de pensamento intenso, original e construtivo ao entendimento dos meios mais rápidos e melhores de atingir o seu objetivo ao fim de cada jornada. É notório que não se pode matar todos os leões que surgem em nossas vidas, não obstante um, temos que matar todos os dias.

Cultive o hábito da ação pronta, científica e cabal. Quando de longe atiro à cesta um pedaço de papel que amarrotei e erro a pontaria, levanto-me, apanho o papel e coloco-o onde compete. Não que pretenda mostrar-me demasiadamente asseado e ordeiro, mas, simplesmente, porque quero ter sempre polido o costume de acertar naquilo que atiro. Uma das forças que levam a pessoa a ser pertinaz, trabalhando com decisão para obter um objetivo colimado, é a emulação, substantivo que significa sentimento nobre que nos impele a igualar ou a exceder os outros em virtudes e merecimentos. É preciso, portanto, que cultivemos esse sentimento, que é nobre. Desejar igualar ou exceder os outros em virtudes e merecimentos tem sido entendido, por muita gente, erroneamente, como fruto da cobiça ou da inveja. Aristóteles, o grande e admirável filósofo grego, elogia a emulação, dizendo: "Donde resulta ser um sentimento decente e próprio das pessoas decentes, ao passo que a inveja é um sentimento desprezível, próprio das pessoas vis. Com efeito, pela emulação, tornamo-nos dignos de obter esses bens, sendo que pela inveja pretendemos impedir que os nossos semelhantes os possuam."

"Segue-se, o pensamento necessariamente, que somos levados à emulação quando nos reputamos dignos dos bens que não possuímos, pois ninguém ambiciona bens que manifestamente lhe sejam inacessíveis, por isso, os jovens e os ânimos nobres experimentam este sentimento, bem como as pessoas de consideração: tais como a riqueza, o traz grande número de 'amigos', as magistraturas e todas as vantagens dessa espécie. Como lhes convêm ser honestos, sentem emulação pelos bens dessa categoria."

Emulação sem pertinácia de nada adianta. Nada resultaria estimular uma competição, sem que os candidatos demonstrem o desejo de igualar ou exceder os seus concorrentes, se não houvesse pertinácia, trabalho constante no sentido de a pessoa obter os recursos necessários para chegar ao fim desejado. Essa pertinácia poderá ser conseguida de dois modos: pela força de vontade e pela auto-sugestão.

Sem a aplicação da emulação é impossível auto-sugestionar alguém. Modernamente, não se usa mais a força de vontade, como meio para a consecução de um objetivo. Usar somente a força de vontade poderá levar a pessoa a uma fadiga mental muito grande e de conseqüências imprevisíveis no futuro. É preciso que haja a preparação mental para o trabalho se tornar algo natural, só se consegue isso, através da auto-sugestão.

A nossa mente subjetiva deverá ser sugestionada da necessidade de levar avante o nosso trabalho objetivo. Quando isto ocorrer, ela se encarregará de nos forçar a trabalhar naturalmente. Estaremos psicologicamente preparados para insistir no nosso objetivo principal. Voltamos, portanto, aos meios indicados no início deste capítulo para a obtenção da auto-sugestão que projetamos e desejamos, para isso sugestionamos através da emulação.

Todavia, convém esclarecer que para conseguir resultados positivos na obtenção dos fins a que a pessoa se propõe, a primeira coisa que deverá fazer é limpar sua mente dos quatro elementos destrutivos impregnados no ser humano: o medo, o ódio, a culpa e o preconceito.

O quinto elemento supera todas estas forças negativas, o amor tudo supera através do seu poder. Examine-se, conscienciosamente. Se puder verificar, verá que qualquer um desses quatro gigantes será transformado em cinzas, para usar uma expressão do grande psicólogo cubano, Mira y López, se, se aninham em seu íntimo, alguns destes quatro elementos destrutivos, destrua-o através da auto-sugestão. Quando se libertar desse mal, comece a construir sua vida com pertinácia até chegar ao seu objetivo, afinal você é maior do que todos os problemas juntos.

VIII. Evite desperdício de energia, tempo, pensamento, dinheiro e vitalidade

O desperdício é uma das características dos povos subdesenvolvidos. Já se disse, e a prova se faz todas as manhãs, de que a lata de lixo do brasileiro é uma das mais ricas do mundo. Lá se encontra pedaços de carne, de pão, verdura, arroz, feijão, frutas e, até, de alimentos mais nobres, que sobraram e que não se soube aproveitar.

Na casa de uma família da classe média, para não se falar de uma família média baixa, na mesa em que comem três ou quatro pessoas, poderão comer mais outras tantas, que a visitem inesperadamente, porque nunca se cogita de fazer a quantidade certa de alimentos para os moradores da casa, mas quase sempre em excesso. Enquanto o mesmo tipo de família, nos países desenvolvidos, compra carne às gramas, calculando o consumo de cada pessoa, entre nós a compra é feita aos quilos quando não em peça inteira. E é muito comum a empregada da casa receber a visita de um amigo, à hora das refeições, para comer, ou levar comida para casa, para alimentar seus familiares.

O fato poderá parecer elogioso para nós brasileiros, mas, na realidade, significa, apenas, que somos imprevidentes, desorganizados e, por isso mesmo, passíveis de repreendas. Os orientais, em especial os japoneses costumam deixar as comidas nas panelas elétricas, onde nunca perde-se sequer um único grão, especialmente de arroz.

Desperdício de energia. Se em relação à alimentação doméstica, que interfere, diretamente, na economia, base da vida de um chefe de família, há tanto desperdício, o que não se dizer em relação à perda de energias nos lares. A energia é perdida por falta de método, de ordem e de disciplina familiar. Em algumas industrias, perde-se mais energia procurando os instrumentos de trabalho, do que na execução deste.

Não se sabe onde está a tesoura, a vassoura, o lápis, o papel, os documentos, os endereços, os objetos escolares e, muitas vezes, até os óculos. E, enquanto estes são procurados, não só já se perdeu muita energia, como se castigou severamente o sistema nervoso, começando-se o trabalho indisposto, irritado e beirando um estresse.

Em termos de progresso, não se fala mais em produção, mas em produtividade. Produzir não é difícil; qualquer pessoa produz, a começar pelo homem mais primitivo. Mas deve-se aproveitar toda a energia, na execução do trabalho, de tal modo que tudo se processe no afã de produzir mais barato em melhor qualidade e em menor tempo. A produtividade é a visão própria do ser humano bem nutrido do conceito coletivo e bem desenvolvido em tecnologia.

Desperdício de tempo. Leonardo da Vinci, certa vez, com sua proverbial sabedoria, disse que o tempo dura bastante para aquele que sabe aproveitá-lo, porque os que dizem não ter tempo, não tem na verdade é organização de vida.

A importância do tempo nota-se na divisão das fases da vida. A primeira, a infância, que vai até os 12 anos, aproximadamente, tem uma fase despreocupada até os sete, mas os restantes quatro ou cinco anos envolvem a responsabilidade do estudo primário. Dificilmente, aquele que não aproveitou bem esse período para se alfabetizar terá tempo para fazê-lo depois.

Vem a seguir, a adolescência, entre os 12 e 18, seis anos. É um período de preparação para a mocidade. Nesta transição, parece que o tempo não passa nunca e o seu aproveitamento é muito importante para a fase seguinte, que é a mocidade, que vai dos 19 aos 25 anos, aproximadamente, época em que se começa a maturidade efetiva. São, apenas, normalmente os seis anos mais decisivos para a formação profissional e intelectual da vida do homem e da mulher. Se nesse período, preparou-se para o comércio, será comerciário ou comerciante; se para a indústria, industriário ou industrial; se tiver ingressado num banco, bancário ou banqueiro; se tiver estudado Medicina, será médico; se Engenharia, engenheiro; se Odontologia, Dentista; se Direito, advogado, delegado, promotor, juiz ou adepto de outra profissão em que poderá aplicar seus conhecimentos adquiridos na escola. Tão importante é esse período que Napoleão assim o qualificou: "Cada hora perdida na mocidade é uma probabilidade de desgraça para o futuro."

O segredo do sucesso está quase sempre condicionado ao aproveitamento do tempo nas diversas fases da vida. O Dr. Ademir Ramos se referiu a um companheiro seu, especializado num dos ramos de Direito, que havia perdido grande parte da clientela, porque se separara de um colega que com ele trabalhava no mesmo escritório. O ex-companheiro permanecera no local antigo e ele tivera que montar outro escritório, prejudicando-se sensivelmente. Andava desanimado, pessimista e indisposto, pensando em mudar de atividade. Foi aconselhado, então, que aproveitasse o tempo que tinha disponível pela ausência de clientes, para coligir dados e preparar um livro sobre a sua especialidade. Não seria uma solução imediata do seu problema, mas um investimento de tempo precioso no seu patrimônio intelectual e conseqüente projeção do seu nome profissional.

O advogado aceitou a idéia e escreveu não apenas um livro, mas vários. Hoje, é citado nas decisões dos juízes e dos tribunais de júri, e o seu nome é conhecido até no estrangeiro. Seu escritório é um dos mais movimentados de São Paulo. Não nos cabe mencionar-lhe o nome; em todo caso é ele próprio que, ao se oferecer uma oportunidade, relata o fato. Quando se aproveita bem o tempo, ele possibilita milagres.

Desperdício de pensamento. O pensamento, fonte primeira de nossas ações, perde-se, diariamente, com a leitura de notícias de crimes nos jornais, histórias em quadrinhos, com as telenovelas e outros programas de baixo nível transmitidos por rádio, televisão, e até mesmo na internet, são informações que além de atrofiar a mente para o conhecimento lógico, torna-nos a pior espécie humana; ao invés de a pessoa concentrar-se no que deverá fazer no seu trabalho e como melhorá-lo, segundo escreveu o Ph. D. em cristologia Doutor João Evangelista.

A leitura é a forma mais eficiente de aquisição de conhecimentos úteis à cultura, de que se necessita para progredir na vida intelectual. No Brasil a leitura é uma prática marginalizada e cada vez mais esquecida, muitas são as desculpas por se ler tão pouco, primeiro, os livros são muito caros em relação ao nosso padrão de vida, segundo por falta de tempo, terceiro, por falta de incentivo dos órgãos governamentais. Muitas vezes, chega-se a comprar uma enciclopédia a prestações, ou uma coleção de obras famosas da língua portuguesa, ou uma história da civilização, só para serem admiradas por terceiros em sua estante, enquanto que o pensamento se gasta na interpretação de trivialidades, envenenando-se de mentiras ou de histórias "de amor" fúteis.

Se uma pessoa resolvesse aumentar a sua cultura, mesmo que fosse à custa de extremos esforços, por ter dificuldades em ler e entender certos livros, conseguiria, ao cabo de dois anos, dedicando apenas meia hora por dia à tarefa, assenhorear-se dos conhecimentos contidos numa história da civilização em dez volumes. Depois, ela se tornaria uma pessoa completamente diferente. Veria o mundo sob outro prisma e a sua concepção da vida se modificaria por completo. Acabaria por dizer a si mesmo: "Por que não comecei a ler há mais tempo?", "Quanto tempo perdi".

A primeira edição deste livro foi lançada em dezembro de 1998, ela esgotou-se totalmente em quarenta e seis dias. Neste período conheci uma senhora que já havia lido o meu primeiro trabalho literário e estava encantada com as informações que havia se nutrido, ela me surpreendeu dizendo-me: "O senhor sabia que o seu primeiro livro foi o primeiro livro que eu comprei para ler e acabei descobrindo através de seu trabalho o que eu estava perdendo. Tenho agora 72 anos, sou aposentada há mais de quinze anos e me sentia uma pessoa inútil, agora descobri o segredo de se ter uma vida ativa e uma mente interativa em apenas seis meses. Depois de ter lido seu primeiro livro, já li mais onze livros e esse seu segundo trabalho será o meu décimo terceiro livro lido nestes sete meses. E acabei descobrindo, ainda que um pouco tarde, as vantagens de nutrir a nossa mente de conhecimento útil."

Fui convidado pelo seu esposo a entrar em sua casa para verificar e aprovar ou reprovar os livros daquela senhora. Fiquei maravilhado com o que vi e disse para aquele casal de terceira idade: "São estas coisas que nos estimulam a continuar estudando, pesquisando e escrevendo. Hoje já são mais de uma dúzia de livros escritos e editados por meu intermédio, mais um, com co-autoria de meu amigo Dr. Caramuru Afonso Francisco."

Desperdício de dinheiro. O dinheiro que, antes de ser adquirido, é apenas uma idéia que deve ser alimentada e trabalhada, aprimorada e amada, para poder ser concretizada. É procurado por muitos como se encontrasse na rua, perdido por outro. Pensa-se menos no trabalho, no esforço, na dedicação, na melhoria constante de métodos para consegui-lo, do que no golpe, na loteria, na espertza, no empréstimo e nas corridas de cavalo etc. Aqueles que alimentam essa concepção do dinheiro, gastam-no como se fosse o ar que a natureza prodigamente nos oferece, e quando dele precisam para uma emergência, uma doença na família, ou o preparo escolar de um filho, prostram-se desesperados, sujeitando-se a quaisquer vexames, chegando, se necessário, até à prática de um crime. Infelizmente, uma grande maioria age desse modo, formando a mentalidade predominante num país que não se desenvolve, a despeito de todos os esforços de seus governantes, quando honestos. E pior é que, por causa dessa mentalidade dos que gastam o que têm e o que não têm, e que são muitos, elegem-se representantes do povo que lêem pela mesma cartilha. E, então, o descalabro fica pior ainda.

Não desperdiçar dinheiro é o primeiro passo para valorizá-lo. Um dos meios para conseguir a valorização do dinheiro é a sua aplicação na melhoria do trabalho, estudando-se o que não se sabe, fazendo-se cursos necessários, lendo-se livros técnicos e científicos, aproveitando-se as boas idéias. As economias assim aplicadas criarão novas fontes de riqueza, que proporcionarão a melhoria do padrão de vida de todo um povo, com a mudança para uma casa melhor, a obtenção de mais conforto, inclusive para o melhor aproveitamento das férias. Melhorar essas condições sem ter antes melhorado as condições de produção no trabalho é irracional e absurdo.

Desperdício de vitalidade. Desperdício de vitalidade é outro mal que grassa entre os homens. A importância do corpo e a necessidade de preservá-lo é objeto da primeira Epístola de São Paulo aos coríntios, onde se lê, a propósito da santidade do corpo: "Não sabeis vós que sois o templo de Deus, e que o Espírito de Deus habita em vós? Se alguém destruir o templo de Deus, Deus o destruirá; porque o templo de Deus, que sois vós, é santo."

Quem não valoriza o dinheiro e a saúde de seu corpo que deveria ser o templo do Espírito Santo em sua adolescência e em sua mocidade, dificilmente o terá para gastar na recuperação da saúde no início da terceira idade. Tenho dito em algumas conferências para jovens que os mais tolos gastam dinheiro dos pais durante a mocidade, na destruição da saúde, para na terceira idade gastar tudo que ganha com o seu trabalho tentando recuperar o que pagou para destruir.

Mesmo aqueles que não lêem a Bíblia, ou nela não acreditam, hão de saber que, quando se introduz no corpo qualquer substância química, estamos expondo nosso corpo à destruição celular, até mesmo o exagero na bebida, na comida, no fumo, na devassidão, especialmente na audição, destroem o corpo, essa maravilha que é um mistério na sua origem e um verdadeiro universo na sua composição. Esse corpo se compõe de trilhões de células que, formando os tecidos e os órgãos, operando cada uma delas o milagre da vida, com a troca de gás carbônico pelo oxigênio na combustão que provoca o calor; sem falar nas mais modernas concepções, que vêem em cada célula o poder de se transformar num novo ser, porque encerra, ao mesmo tempo, uma fase material e outra psíquica, conforme experiências do célebre fisiologista francês Louis Lapecque, citadas por Jean Rostand.

E seria o caso de nos perguntarmos: seremos nós, pobres mortais, os donos dessa maravilha? Poderemos dela nos nutrir quando e como entendermos, ou nós somos incapazes de deter a sua marcha inexorável para a morte? Desperdiçar vitalidade, deliberadamente, é cometer um dos maiores crimes. É destruir, como vândalos, a mais importante obra de arte que o Divino Artista criou com suas próprias mãos e nos confiou.

Há, todavia, aqueles que destroem impiedosamente seu corpo, não sabendo alimentar-se, ou praticando exercícios inadequados que, ao invés de trazerem benefícios, os prejudicam, para não se falar dos que se entregam aos tatuadores para derrotarem para sempre suas lindas e belas peles, e aos tóxicos que destroem as células imunológicas.

Na prática de esportes, por exemplo, para que sejam benéficos, é preciso haver cuidado. Não se compreende que uma pessoa pratique um esporte violento, como o boxe, o futebol americano e outros, que obrigam a corridas rápidas e paradas bruscas, a saltos e quedas inesperadas, sem ter antes se preparado fisicamente para esse desgaste físico. No entanto, há pessoas que passam a semana toda sem fazer ginástica, ou fortalecendo seus músculos e seu pulmões, passam o domingo praticando uma daquelas atividades violentas, na suposição de que estão se beneficiando. Não procuram se informar sobre o que lhes faz bem ou mal. Esses autodidatas preferem o esporte que lhes proporciona diversão embora violento, para o qual não estão preparados fisicamente, e não aquele outro que lhes poderá trazer saúde.

Existem também pessoas que não praticam nenhum esporte, abandonando seu corpo à própria sorte, tornando-se, por isso, obesos, reumáticos, hipertensos, doentes, sujeitos a enfartes e derrames cerebrais. No entanto, se acordassem meia hora antes do horário costumeiro e fizessem uma ginástica adequada, seguindo, por exemplo o manual oficial da Royal Canadian Air Force, denominado "Mantenha-se Fisicamente em Forma" (Lisa biblioteca de comunicação p. 114), contendo exercícios apropriados para pessoas de todas as idades, revitalizariam seu organismo e, certamente, produziriam muito mais.

A vitalidade e as três funções mais importantes do organismo humano.
Além dos exercícios que se devem praticar, para manter em forma o corpo, é, necessário também, que não se descuide das três mais importantes funções do organismo humano, que são a mastigação, a respiração e o relaxamento.

A natureza colocou a serviço da mastigação o mais potente músculo do corpo humano: o masseter, encarregado de mover o maxilar inferior. Deu-lhe a função importante de promover a mastigação dos alimentos, que, infelizmente, é negligenciada pelo homem moderno. É na boca, com o auxílio da língua, que ocorre o processo de remover e preparar o alimento com a secreção de suas múltiplas glândulas, onde se inicia a digestão. Mastigar mal, ou às pressas, é não só privar os alimentos de um indispensável tratamento, antes de serem enviados ao estômago, como criar para este, e para os demais órgãos encarregados da digestão, problemas, que só se resolvem através de tratamentos que, muitas vezes, acompanham a pessoa por toda a vida.

Outra função importantíssima é a da respiração. Há pessoas que passam toda a sua existência sem utilizar a capacidade total de seus pulmões, ou porque respiram mal, ou porque nunca fizeram exercícios respiratórios. Ignoram que oxigenando toda a área aproveitável de seus pulmões, estarão ajudando a purificação de seu sangue e, conseqüentemente, estabelecendo condições vitais para o seu organismo.

Em dois capítulos de *Os dez mandamentos da oratória* refiro-me à respiração e aos exercícios que devem ser feitos: para a correção e melhoria da voz e da fala. O relaxamento, tratado longamente onde cogitamos da auto-sugestão. (Lisa biblioteca de comunicação p. 144).

O homem vive sob excessiva tensão, cheio de preocupações e sugestionado negativamente o tempo todo. Os problemas se multiplicam e o medo de que estes se agravem o perturbam, prejudicando profundamente o seu sistema nervoso. Se ele não se valer do relaxamento, viverá angustiado e sujeito a crises psíquicas, que poderão ser de conseqüências bem desagradáveis.

O ideal é adotar-se o hábito de, após ou durante o trabalho, quando se sentir cansado ou preocupado, deitar-se de costas, no chão ou no sofá, ou, ainda, sentar-se comodamente numa cadeira até conseguir relaxar os músculos, sugestionando-se, após conseguir o estado de relaxamento, que se está tranqüilo e sentindo-se bem.

Aqueles que aprenderam a fazer o autodesligamento da matéria entram com facilidade nesse estado e conseguem benéficos estados espirituais e físicos. Existem até cursos de auto-hipnoses "bastante eficientes" e muito procurados, porém digo que para os que têm segurança Naquele que tudo pode não precisam destas secundárias coisas. Como já disse, eu consigo me desligar de qualquer situação constrangedora, basta tão somente sentir necessidade de fazer isso.

IX. Vá até o fim na execução do plano que preparou com cuidado. Não se preocupe com as críticas e comentários adversos

Na execução do plano que preparou com cuidado e está seguindo pertinazmente, não se preocupe com as críticas e comentários que outras pessoas venham a fazer. Neste livro destacamos este profundo pensamento de Platão: "Se conhecêssemos a verdade, não daríamos importância ao que os homens dizem". Realmente, o homem se perde quase sempre porque fica indeciso sobre o que seja a verdade. Muitas vezes está seguindo um caminho e deixa-se sugestionar pela crítica de outrem, diminuindo ou anulando totalmente a intensidade do trabalho que está executando. Esquece-se de que o que é verdade para ele poderá não ser para o seu vizinho, e que a verdade é exatamente aquilo em que acreditamos. Se ele acredita no seu plano, este será vitorioso. Cristo Jesus disse que a verdade é o único caminho seguro, que nos conduzirá à vida eterna.

Há um adágio popular que diz que todos os caminhos levarão o homem a Deus. Eu até aceito que seja um fato, todavia só Cristo é o caminho que nos conduzirá à vida eterna. No dia do juízo final todos chegarão ao supremo juiz; não quer dizer que todos serão justificados, realmente fica estabelecido que todos os caminhos levaram os seus peregrinos até Deus, porém só os que caminharam por Cristo serão justificados, os demais serão condenados é o que diz a Palavra.

Alexandre da Macedônia só foi cognominado "o Grande" porque acreditou na afirmação de sua mãe Olímpia, esposa do rei Filipe, fanática e meio louca, que afirmava com todas as letras que o marido não era seu pai, mas uma divindade que viera ter com ela à noite sob a forma de uma serpente. E, segundo relata Henry Thomas, "o jovem Alexandre com apenas 20 anos de idade, pôs-se à frente do bem treinado exército deixado por Filipe e rapidamente subjugou as tribos revoltadas do norte da Macedônia, marchando, a seguir, contra os gregos, arrasando Tebas e passando a fio de espada seis mil de seus habitantes. O jovem era um verdadeiro demônio de audácia. O que os outros em vão tentavam fazer, ele rapidamente o conseguia."

Se um rio era demasiado rápido para ser atravessado, Alexandre o desafiava e atravessava-o como se fosse nada. Se o inimigo se alojava no topo de um monte que ninguém pensaria escalar, ele o fazia e punha-o em fuga em tempo recorde. Obcecado pelo poder e com a supersticiosa crença de que era filho de Zeus, convenceu-se de que o próprio céu estava lutando a seu lado, conseguindo transmitir essa convicção a todos os seus liderados. Uma vez escreveu Plutarco: "As ondas do litoral da Panfília, que ordinariamente alcançavam a crista dos rochedos, retiraram-se subitamente para lhe dar passagem." Quando ele cercava a cidade de Tiro, os habitantes amarraram a estátua de Apolo (o deus sol) e pregaram-na ao pedestal, para que o suposto deus não pudesse desertar e passar para o lado de Alexandre da Macedônia.

Assim como Alexandre da Macedônia, todos os homens que se tornaram notáveis acreditaram numa verdade e não deram ouvidos às críticas de outros. Pode-se estabelecer a atitude mental correta quando se compreende que nada consegue perturbar-nos ou ferir-nos de fora para dentro, sem o nosso consentimento mental.

Nós representamos o único pensador, dentro do nosso próprio mundo. Conseqüentemente, nada poderá levar-nos à ira, à magoa, à dor, sem nosso consentimento mental.

As sugestões que nos vêm do exterior carecem de força, a menos que nós mesmos permitamos que elas nos emocionem negativamente, no pensamento. Compenetre-se de que você é o dono do seu próprio mundo mental.

As emoções seguem o seu pensamento; portanto, você é a autoridade suprema em sua própria órbita. Você permite que os outros o influenciem? Permite que as manchetes de jornais, de revistas especializadas, ou mesmo as manchetes de telejornais, os boatos, as críticas o perturbem ou o deprimam? Se isso acontece, você tem que admitir que é o próprio causador, pois você mesmo criou a reação emocional. Sua atitude está errada.

Será que você imagina o mal nos outros? Se o faz, procure notar a emoção que isso gera dentro de você mesmo – é uma emoção negativa, que destrói sua saúde e sua prosperidade. As circunstâncias externas só o afetam até onde você mesmo permite. Você pode tornar-se o dono de seu próprio destino e o comandante de sua alma (o subconsciente). Através da imaginação disciplinada, dirigida e controlada, você pode dominar completamente suas emoções e sua atitude mental. Em geral quando ouve a palavra verdadeira, ela lhe dará poder para transformar sua própria vida.

Isso não é afirmação de psicólogo algum, é a palavra inspirada pelo Espírito Santo através do apóstolo e evangelista João. Ele disse: "Cristo veio para os judeus, como eles não o receberam, foi nos dado o direito de sermos transformados em filhos de Deus." (João 1,12).

Se dentro do seu plano de ação secular, você precisar intensificar a sua vida social, ser agradável para certos políticos, prestar serviços e parecer aos olhos dos outros como interesseiro, faça-o, a despeito de todas as críticas. Quando você alcançar o seu objetivo, essas mesmas pessoas irão se esquecer das críticas que lhe fizeram e passarão a cortejá-lo. São raros, raríssimos, os artistas, escritores, funcionários públicos e de empresas particulares que conseguiram destacar-se, sem que tivessem conseguido a simpatia dos que os poderiam ajudar a subir.

Ninguém simpatiza com uma pessoa que alardeia não precisar dos demais para subir na escala da vida. Aprenda a sorrir e a comunicar-se com os seus semelhantes. Isto só será possível se você despreocupar-se das críticas que eles poderão fazer a você. Quase sempre somos nós mesmos que criamos a idéia preconceituosa de que alguém nos critica. Mesmo que nos critiquem na nossa ausência, se nos mostrarmos indiferentes a essa crítica e procurarmos tratar bem essas pessoas, elas ficarão desarmadas e irão se penitenciar pelo que fizerem.

Os nossos inimigos são tanto piores quanto mais os odiamos, porque, no dizer de Heitor de Lima: "O ódio lhe será carga na balança em que se hão de pesar sentimentos e ações."

Devemos ser agradáveis com aqueles que nos criticam, somente porque assim fazendo estaremos nos sublimando. Nem sempre conseguimos essa virtude, que é própria dos santos. Devemos não odiar, nem tratar mal os que nos ferem, movidos por uma atitude mental calculada; procuraremos não nos perturbar e trazer para o nosso redil essa ovelha perdida.

Os inimigos são utilíssimos, mas quando sabemos habilmente manobrá-los. Em medicina não se usam acaso os bacilos, para combater as moléstias que eles causam? Toda a sonoterapia é baseada no utilizar, em nosso proveito, os nossos inimigos. A sanguessuga não é um parasita do homem? Entretanto, nas mãos do médico torna-se utilíssima. A inimizade é uma força negativa contrária, mas é sempre uma força, e todas as forças são utilizáveis pelo homem. Aliás, essa sabedoria também foi largamente explorada por Henrique IV, que dizia: "O melhor meio de se desfazer de um inimigo é fazer dele um amigo."

Deixemos, portanto, que os outros critiquem os nossos atos. Desde que o nosso trabalho seja o produto de um plano cuidadosamente elaborado, suas restrições não importam. O essencial é que persigamos com tenacidade a nossa meta. Na consecução do nosso objetivo, procuraremos fazer amizades sinceras, mesmo entre os nossos piores inimigos.

X. Seja otimista em todas as circunstâncias

Ser otimista, ou pessimista, significa ser homem de êxito, ou simplesmente derrotado. Basta observar cada um desses dois tipos opostos na sua atuação no lar, na empresa, no ministério eclesiástico e na sociedade, para se ter como certo que, o pessimista, é um vencido, e o otimista, um vencedor.

O pessimista, no lar, não acredita no sucesso de seu próprio filho, porque nunca acreditou no seu próprio sucesso, e, por isso, entende que nada valerá gastar com estudos, para ele é jogar dinheiro na lata do lixo. A idéia de um filho culturalmente bem formado é ciosa de quem não tem o que fazer com o dinheiro, porque isso não terá retorno.

O que importa para o pessimista é somente aquilo que lhe está diretamente diante dos olhos: um emprego modesto para o seu filho, logo após o curso primário. Como lhe falta imaginação necessária para idealizar planos e segui-los, também é um homem que ganha pouco, criando dificuldades financeiras para os seus familiares. A visão dele não passa da ponta do dedo do pé; é exatamente como a galinha, vive o tempo inteiro rodando em torno de si mesmo e ciscando apenas para conseguir o que comer imediatamente, para ele isso, já é mais do que precisa.

Na empresa em que trabalha, o pessimista é um empregado adstrito ao que lhe dão para fazer, nada sugerindo e vivendo a lamentar-se constantemente. É sempre aquele que, no seu entender, mais trabalha. Como qualquer tarefa é para ele exaustiva demais, vive a reclamar que não ganha proporcionalmente ao seu esforço. É um homem desagradável, pouco comunicativo, de visão estreita, porque seu pessimismo diminui o ângulo por onde deve ver as coisas. Os pessimistas, porque não são expansivos, enxergam o mundo através do pequeno círculo que traçam em torno de si. Então, são eles os únicos certos, os demais estão todos errados.

O pessimismo é uma doença que poderá ser curada, bastando apenas que a sua vítima reconheça o mal de que sofre. E, se o diagnóstico dessa doença é "pessimismo", o remédio a ser tomado só poderá ser "otimismo". Na sociedade, o pessimista não participa de nenhuma entidade social ou beneficente, porque não acredita nas suas finalidades. Os aspectos positivos dessas associações não existem para ele. Para que trabalhar em favor da coletividade, se tudo já está, no seu entender, perdido e sem solução?

Otimista é uma pessoa completamente diferente. Ela deseja dar aos seus familiares o que teve para si, e mais ainda, aquilo que não pode alcançar. Seus filhos devem estudar, preparar-se, conseguir posição de destaque na vida. Trabalha e luta para beneficiá-los e os estimula a lutar constantemente. Seu lar é alegre, e se ela fica exigente e torna-se enérgica é exatamente porque verifica que os filhos não estão se esforçando para obter aquilo que ela julga ser o ideal. Se é homem ou mulher não importa, é sempre uma pessoa de futuro. Seu pensamento caminha bem adiante dos seus pés, é uma pessoa confiante no porvir.

Na empresa, o otimista está sempre trabalhando para melhorar suas condições. É comunicativo, sabe cooperar, manifesta sua confiança nos destinos da empresa em que trabalha sente-se bem na presença de seu superior e simpatiza com ele. Dificilmente é uma pessoa reservada, do qual se possa temer um comentário tendencioso. Suas idéias são conhecidas, embora, às vezes, contrárias às de alguns colegas de trabalho, porém todos respeitam o homem ou a mulher otimista.

Na sociedade, o otimista é visto participando das entidades associativas, de caráter recreativo, político, religioso e beneficente. À classe dos otimistas pertenceram os bandeirantes, que acreditavam nos objetivos de suas longas caminhadas; os líderes, em geral, que conduzem sua pátria, sua empresa, ou qualquer outro negócio, seus liderados vivem à consecução de seus ideais.

Os grandes descobridores foram, sobretudo, otimistas. Se o jovem Cristóvão Colombo não fosse otimista, não teria acreditado nas histórias contadas na taverna de seu pai pelos marinheiros e aventureiros, pelos piratas irlandeses, pelos mercadores moscovitas, pelos cavaleiros espanhóis de longos corpos e longas espadas, pelos navegantes mouros que, por volta de 1470, falavam na ilha chamada Atlântida, situada além das colunas de Hércules, onde havia um reino de fabulosas cidades e extraordinárias riquezas, e de outras ilhas que apresentavam maravilhas ainda maiores.

Como o otimismo de Colombo sugeria que essas terras existiam, passou a pesquisar, aconselhando-se com Pagolo Toscanelli, o maior geólogo da época, que indicou-lhe no mapa o melhor caminho ocidental para alcançar as regiões orientais mais ricas em especiarias e pedras preciosas. Se não o animasse um otimismo estimulante, teria desistido de sua empreitada de descobrir novas terras, diante da negativa de D. João, de Portugal, e de Fernando, da Espanha, além de atitudes idênticas de outras cortes que percorreu.

O mundo só caminha pela força da idéia e do trabalho do otimista, a despeito do pessimismo de muitos. Embora este livro, como todos aqueles que procuram o aprimoramento do homem, seja lido especialmente pelos otimistas, porque os pessimistas nele não irão acreditar, poderá acontecer, muitas vezes, que um nosso familiar, ou amigo, seja vítima do pessimismo e precise vencer este mal. Compete-nos, então, socorrê-lo. E nada melhor do que submetê-lo a um tratamento de auto-sugestão, seguindo os conselhos contidos no início desta obra.

Se a pessoa adotar como idéia ou atitude dominante que o bem reside dentro dela e ela é responsável por todos os seus pensamentos, estará caminhando para a solução de seus problemas. Porque sendo normalmente construtivos todos os pensamentos do ser humano, eles só deixarão de operar benefícios se este lhes opuser resistência. Até os momentos de felicidade deixam de existir, ou terão pouca duração, para aqueles que vivem se queixando da própria vida. Uma pessoa pessimista e amargurada, assim como diminui a intensidade dos momentos felizes, coloca uma lente de aumento em todos os seus sofrimentos.

Quem perdeu um ente querido, levado pela morte, sabe o quanto a dor é pungente na ocasião em que o fato se deu. Parece irremediável a perda. Mas sabe, também, que sendo a dor um sentimento contrário à natureza humana, esta vence-se com o decorrer do tempo, transformando-a numa força positiva, que é a saudade.

Os pessimistas não acreditam nessa verdade e se prendem desesperadamente à força negativa, que lhes é mais familiar, à dor, chegando, nessa ânsia de cultivá-la, ao desespero, à melancolia, procurando sofrer mais do que naturalmente poderiam sofrer.

Conhecemos bem de perto o caso de uma senhora que, tendo perdido a filha ao dar à luz a neta, sofreu, como todas as mães, o golpe de que fora vítima. Com o crescimento da neta, que viera substituir sua filha, alegrou-se, naturalmente, com as graças da criança. Mas quando se dava conta de que tivera momentos de felicidade, recriminava-se por entender que não tinha o direito de alegrar-se, sabendo que sua filha havia morrido há apenas um ano.

No seu modo de entender, era uma desconsideração à memória daquela que tanto amara em vida. E à força de assim pensar, criava para si condições psicológicas para reviver a morte de sua filha e a dor que sentira naquela ocasião. Não é preciso dizer que essa mulher, se não fosse devidamente tratada, passaria a ter a sua mente completamente perturbada. Foi preciso, através da sugestão, convencê-la de que agia contra a natureza, natureza que a conduzia para o esquecimento da dor que sofrera e lhe ofertava, em seu lugar, a saudade, que tem a virtude de conservar sempre viva a memória e a imagem da pessoa morta, sem jamais envelhecê-la, trazendo recordações agradáveis e vivificantes.

A terapia para todos esses males é o cultivo de idéias positivas e otimistas, que nos proporcionarão felicidade no lar, na sociedade e na empresa em que trabalhamos, na sociedade em que vivemos e na Igreja em que congregamos etc. Se este trabalho tem lhe trazido satisfação, recomende-o para seus amigos, parentes e conhecidos. Para que outras pessoas o adquiram, não seja pessimista como aqueles que nunca lêem nada, achando que serviu somente para você. Muito me alegro com a chance que você está dando tanto a mim para continuar estimulado a escrever, como a você mesmo neste intercâmbio de conhecimento; obrigado a todos, até *Os Dez Mandamentos da Oratória*, se é, que você gosta de dominar a comunicação através da retórica.

CONCLUSÃO

Como poderemos julgar as atividades e qualidade de um grande líder se não convivemos pessoalmente com ele; e o mesmo já é de saudosa memória. Isto é algo fácil de ser identificado, o líder verdadeiro é aquele que faz, independentemente de sua pretensão, seu sucessor. Isto não quer dizer que seu sucessor deva ser indicado direta ou indiretamente por ele; e sim qualificado pelo bem servir as suas ordens, de acordo com a necessidade da obra. Temos como exemplo maior o imortal Moisés. Que deixou seu qualificadíssimo sucessor Josué, e o rei Davi que deixou seu filho Salomão, este veio ser o maior filósofo de todos os tempos, também há outro nome imortal como Elias que deixou naturalmente seu incomparável sucessor Elizeu. Porém a qualidade maior de um grande líder é fazer de forma natural, de acordo com o seu exemplo de bem servir, a obra dos inúmeros prosélitos. Como foi o caso do Supremo Líder Cristo Jesus. Que mesmo depois de mais de mil e novecentos e setenta e três anos de sua morte ainda continua fazendo cada vez mais prosélitos (discípulos) por toda parte do globo da Terra.

A qualidade de deixar um sucessor imediato não é uma regra sem exceção. Há alguns casos esporádicos que bons líderes se foram e não deixaram sucessor imediato, porém o tempo se encarrega de revelar ao grupo quem deva de fato dar seguimento aos projetos do saudoso já de memória póstuma.

Para mim a maior qualidade de um inesquecível líder é fazer prosélitos, maior em obras do que o mestre. Cristo Jesus, sendo o Maior de todos os Líderes, disse isto: "Se obedeceres fielmente as minhas ordens, crendo no que tenho dito e feito, farão tudo que eu fiz; e fareis maiores obras do que estas que já tenho feito." (João 14,12).Como as palavras de um verdadeiro líder são irrefutáveis e por si irrevogáveis, este fato literalmente aconteceu com pelo menos dois de seus discípulos. O apóstolo São Pedro fez obras que Cristo não havia feito; tudo isto para que cumprissem suas palavras, a sombra de Pedro curava os enfermos, este milagre não foi feito por Jesus, por certo não o quis fazer. O apóstolo São Paulo também fez obras que Cristo não havia feito, curar enfermos e repreender espíritos maus, com apenas a imposição de suas vestes, até os lençóis da cama em que dormia eram disputados por seus seguidores, os que faziam uso eram libertos de seus males. Em Cristo era no mínimo necessário tocar.

Você e eu também poderemos fazer coisas maiores do que Cristo fez. Isto por certo alegrará muito o Supremo Mestre, se tudo for para honra e glória de seu santo nome. O grande líder americano George Washington teve a proeza de fazer seu sucessor maior do que ele próprio, este é um mérito de poucos líderes. O saudoso Reverendíssimo Paulo Leivas Macalão também teve esta proeza. Muito me alegra ser o primeiro ocupante da cadeira de número 33 da (APEL) Academia Paulista Evangélica de Letras de São Paulo, que tem por patrono este imortal líder das Assembléias de Deus no Brasil, que tem provado depois de sua morte este grande mérito: fazer prosélitos superiores a si próprio.

O também, não menos importante, líder das Assembléias de Deus, o saudoso pastor Cícero Canuto de Lima, com muita justiça também patrono da cadeira de número 10 da (APEL), que teve como primeiro ocupante o meu amigo e confrade Pr. Walter Brunelli, e segundo ocupante o também confrade Pr. Ezequias Soares da Silva. É outro nome que tem provado esta eficiência. Estes dois homens deixaram sucessores tão eficientes que estão levando a obra deixada ir além da expectativa de seus próprios fundadores.

LEITURA RECOMENDADA

BETTGER, F. *Como consegui "sair de uma derrota" para o sucesso como vencedor.* Francisco Alves, 1956.

BILAC, O. *Conferência literária.* Francisco Alves, 1926.

BOTKIN, J.R. *Fale bem que muitos te ouvirão.* Ed. Record, 1962.

CARVALHO, F. F. *Eloqüência nacional.* Lisboa: Typografia Rollandiana, 1844.

CARVALHO N. *Como vivemos, como aprendemos, como sofremos.* Ed. Aquarela, 1989, 3ª ed.

COUÉ, E. *La Maítrise de sol-même parl Auto-suggestion Consciente.* Ed. Amarius, 1992.

GARRETT, H. *Pschologia.* Fundo de Cultura Econômica, 1958, 1ª ed.

HOFFMANN, L. *Manual dos dirigentes de Reuniões.* Ed. Campus, 1968.

LIRA, R. *Formei-me, e agora?* Ed. Campus, 1992.

MERLEAU, P. *Fhénoménologia de la Perception.* Ed. Palermo, 1959.

MOUTINHO, S. D. L. *Oficina de Filosofia.* Ed. Brasiliense, 1985.

MUNIZ, S. J. *A arte de dizer.* Ed. Record, 1965.

MURPHY, J. *Os milagres de sua mente.* Ed. Record, 1956.

PRADO, J. C. *Teoria do conhecimento.Ed. Campus, 1965.*

PURINTON, E. E. *A Vitória do homem de ação e curso prático de eficiência pessoal.* Ed. Logos, 1960.

ROSTAND, J. *Fanáticos e sábios.* Ed. Record, 1962.

SAMPAIO, E. *Ainda há semente no celeiro.* Ed. Betal, 1986.

T.HOMAS, H. e Lee, D. *Vidas de estadistas famosos, "pelas as suas obras".* Francisco Alves, 1956.

OUTRAS OBRAS DO AUTOR

Deus e a história bíblica dos seis períodos da criação, 5ª edição.
A genealogia dos alienígenas, 2ª edição.
O poder do louvor à luz da Bíblia e da física atômica, 2ª edição.
Fazei tudo quanto ele vos disser, 1ª edição.
O Messias está voltando, 2ª edição.
Maomé x Cristo: e o outro lado da história, 2ª edição.
Cidadão dos céus poderá ser indivíduo na terra?, 2ª edição.
Como falar com Deus corretamente?, 2ª edição.
O Cristo desconhecido dos judeus, da ciência, da história e até mesmo dos "cristãos", 1ª edição.
O Demônio que Cristo ainda não venceu. No prelo.
Conheça-me eu era como você cheio de dúvidas. No prelo.
A metafísica do Gênese. No prelo.
Os dez mandamentos da oratória. No prelo
O Cristo desconhecido – volume 2. No prelo

INFORMAÇÕES SOBRE NOSSAS PUBLICAÇÕES E ÚLTIMOS LANÇAMENTOS

Visite nosso site:
www.novoseculo.com.br

NOVO SÉCULO EDITORA
Av. Aurora Soares Barbosa, 405
Vila Campesina - Osasco/SP
CEP 06023-010
Tel.: (11) 3699-7107
Fax: (11) 3699-7323

e-mail: atendimento@novoseculo.com.br

Ficha Técnica

Formato 16 x 23 cm
Mancha 12,9 x 20,5 cm
Tipologia: ClassGarmond BT
Corpo 12
Entrelinha 17
Total de páginas: 168